跳槽圣经

掌控职场自由
发现更好的自己

[日]北野唯我 著
王猛 译

中国人民大学出版社
·北京·

序

"继续在这家公司干下去值不值？我现在很茫然，完全不知所措，究竟该何去何从？"

说出上面这番话的她是一副什么表情，我大概能想象得到。因为，电话那头发愁的是我的亲姐姐。从我的角度而言，完全能体会到她那种在考虑跳槽时的不安情绪。我曾经历过从大企业跳槽到外资企业，再从外资企业跳槽到高风险企业，所以完全能理解她的心情。

无论是谁，在第一次跳槽的时候都会感到恐惧。

当你即将迈出跳槽第一步的时候，烦恼也会自动找上门来。此时，头脑难免一片迷茫，心中也会涌起无数念头："自己的专业性不是特别强""不想让现在的生活质量有所下降""没有特别的才能，在新岗位上恐怕很难有所表现""家人是不是会反对"……

虽然此时难免焦虑,但是请放心,因为跳槽这件事本身就是一种针对已有焦虑的治疗。冷静下来认真思考一下你就会发现,在这个世界上没有人和你长得完全一样,并和你在一个地方长大,从事相同的工作,然后又在同一年结婚。因此,无论是长相、成长经历还是性格,大家都迥然不同。在这样的情况下,如果想在世上寻找到理想的角色模型显然是不可能的。因此,在面临抉择的时候,内心自然会感到不安和焦虑,这是再正常不过的事。

人人都希望自己在跳槽时一帆风顺。但是,在这个世界上,企业数量如浩瀚繁星,仅仅是上网查看求职网站,浏览一下感兴趣的招聘信息,都可能花费好几天的时间。在海量的招聘信息中,期待能够一下子找到完全适合自己的企业比登天还难。那么,其他人都是怎么做的呢?

首先,要高效利用各类求职网站,收集尽可能多的有用信息。但是,我可以断言,如果只靠上述办法,绝不可能找到非常适合自己的企业。因为绝大部分求职中介都是由短期目标驱动,而且这些求职中介的经营模式是力争让求职者在最短的时间内去企业面试,合适与否完全无所谓。听起来有些无情,但这就是现实。

显然这些并不是求职者们希望得到的。他们希望能够获得由专业机构给出的基于求职者长远发展规划的相关建议，例如，如何能找到让求职者安心工作一辈子的岗位，如何积累自己的职业经验，如何设计自己的职业生涯，等等。

不久前，我曾参与创立人力资源媒体的相关策划工作，发表过很多研究成果。有很多人找我，咨询相关问题，我也曾多次为他们解答关于求职的种种问题。在此过程中，我深深地体会到，无论是谁，求职时都有需要马上解决的问题。曾经发生过一件让我印象深刻的事。

当时，我正在举办一场关于"如何规划自己的职业生涯"的主题活动。当天是周末，参加这场活动需要缴纳一定的费用，虽然我只通过自己的博客发布了活动相关信息，会场也只能容纳十多人，却有300人报名参加，最后，这场活动取得了空前的成功。在报名者中，有很多人是来自三菱商事、三井物产、麦肯锡咨询公司、野村证券、日本生命保险、电通、博报堂、瑞可利、经济产业省等被求职的应届生视为超一流企业或机构的职员，他们是职场的佼佼者。然而，即使对于这些人而言，当他们走到职业生涯十字路口的时候，也需要找到一个契机，能够让自己认真思考未来的道路。

通过相关数据进行分析，也能发现上述趋势。

在现代社会，每两个人当中就会有一个人考虑换工作。

就连那些刚毕业的学生，在找工作的时候都会有六成的人提前考虑未来跳槽的可能性。也就是说，即使在日本，"终身雇佣"制度也已经开始瓦解。

很多企业、机构并不会为员工提供完善的技能提升机会，而是以综合职位招聘员工，然后进行随机分配。在此基础上让员工进行轮岗，这样培养出的人在人才市场上缺乏竞争力。此外，在员工45岁之前，企业也不会将这些情况告诉员工。对于这种情况，一些聪明人能够凭直觉有所感知，并及时开始思考跳槽的可行性。

实际上，跳槽不仅会对人的工作方式产生影响，也会对人的生活方式产生一定的影响。

无论是在工作中不得不迎合没有能力的上级，还是在公司被迫做着自己不喜欢的销售工作，或者是在毫无准备的情况下就被发配到其他岗位，这些情况都是因为自身缺少一种市场价值，而这种市场价值就集中体现为"任何时候都能跳槽"的自信。如果拥有这种自信的话，可以随时辞掉自己不喜欢的工作，或者以此作为与企业交涉的筹码，改变自身处境。

真心希望这本书能够让所有人获得一种"任何时候都能跳槽"的自信又自由的状态，当你具备了能充分实现自我的"市场价值"，那么人生会产生更多的可能性。而为了实现这种目标，你需要的不仅仅是充足的求职信息，更要有能够高效分析信息的跳槽思维。

眼前正在发生的变化就是传统日本式雇佣制度的瓦解和替代机制的短缺。社会已经进入每两个人中就有一个人要跳槽的时代。抓住这个机遇，就能发现自身的市场价值，你是否愿意掌握这种机遇？

北野唯我
2018 年 6 月

目 录

引言　困局与出路 / 001

第 1 章　测试自己的市场价值
　　　　——保持竞争力的关键 / 015

　　是仰上级之鼻息，还是因市场而动 / 017
　　市场价值 1：技术资产 / 019
　　市场价值 2：人力资产 / 028
　　市场价值 3：行业生产力 / 030

第 2 章　了解当前工作的"寿命"
　　　　——专注于上升行业 / 035

　　工作消失的周期 / 037

置身于上升的行业，自我价值才会提升 / 040

第 3 章　精准定位，明确目标
　　　　——寻找有潜力的市场 / 049

不要将自己的人生托付给"别人建造的船" / 051
别让自己成为公司里的"日用品" / 059
发现有潜力市场的两种方法 / 062
才能有差异，但定位是平等的 / 065

第 4 章　有取必有舍
　　　　——适合的就是最好的 / 079

在"轻松的工作环境"和"市场价值"
　二者中选择哪一个 / 081
识别一家好的风险企业的三个要素 / 091
面试后要问一问求职中介"公司对自己
　哪些方面评价不高" / 094
社招和校招的区别 / 113

第 5 章　"后悔跳槽"是消极的借口
　　　　——别被惯性驱使 / 121

没有选择余地的时候，人们就开始撒谎 / 123
"对于公司来说正确的事"是什么 / 131

目 录

把公司当作救命稻草，手段难免成为目的 / 139

第 6 章　你并非不可或缺
——如何获得他人支持 / 147

跳槽的最后阶段，难免犹豫不决 / 149
可靠的同事值得信任 / 152
与伴侣交流时，共鸣最重要 / 157

第 7 章　工作应是喜欢做的事
——找到理想下家 / 161

作为生存手段的工作和作为目的的工作 / 163
工作无乐趣则只能臣服于金钱 / 174
绝大部分人并不需要"自己想干的事" / 178
工作乐趣是由"紧张和放松的平衡状态"决定的 / 184
给自己贴上"标签"，拒绝平庸 / 190
思维方式决定一切 / 197

后记 / 199

附录　跳槽思维笔记 / 203

困局与出路

引言

"30岁前后，走到了职业生涯十字路口"，这是在我不经意间从书店书架上拿下来的一本杂志上写的一句话。随手翻开杂志，我被其中的红色粗体字部分深深吸引，这个故事用生动的语言描述了"一家大企业的职员，在40岁的时候失去继续升迁的希望后遭遇的悲惨命运"。

故事的主人公在这家大企业波澜不惊地工作了20年后，由于工作业绩难以继续提升，不得不选择内退。但是主人公心有不甘，更不希望自己的生活质量下降。他想尽各种办法，重新踏上求职的道路。但是，重新找工作的过程坎坎坷坷，困难远比他预想的多。

这种局面的出现显然不能完全归咎于运气不好，更主要的还是在大企业工作20年的这些人没有掌握"专业性"。虽然如此，这些人仍有强烈的自尊心，固守着一种看不起小企业工作的心态。

当然，这些人的窘境不可能逃过面试官的眼睛，因此，企业也不可能给这些人开出有吸引力的条件。最终，只有一种结果，那就是求职失败。

即使这些人对新工作的低收入做好了心理准备，也愿意去小企业工作，但不同于大企业，这些小企业往往不具备良好的工作环境，岗位设置也与大企业不同，此外，在小企业也难以找到发挥自己特长的空间。最常见的结局是，待了不到一年，这些人就找借口说企业环境不好，辞职走人。

如此反复，这些人不愿意见到之前与自己一起进入公司的同事，最后变得自我封闭，身影从城市中消失。

看到这里，我不禁打了个寒颤，后背隐隐发凉，不知不觉间手心冒出了冷汗。

如今的我将来会变成什么样？现在已经30岁了，但还没有什么特别擅长的专业领域，也缺少领导一定规模团队的经验，更致命的是缺少一种能够胜人一筹的才能。

看一看自己的未来，发现出人头地的可能性微乎其微。业绩提升不上去，上升的通道已经封死，与优秀的竞争对手相比，自己只剩下辞职一条路。

想到这里，浑身上下都紧张起来。

在这种情况下，跳槽就成了最现实的选择。但是，在此关头我的内心却迷茫起来，一股不甘的情绪涌上心头，"当年好不容易才进入这家公司……"

静下心来想一想，有这种想法也很正常。回首过去，大学毕业后找到的第一份工作不是很理想，现在的公司正是自己经历各种困难才挤进来的,因此,很难轻易舍弃。

我久久伫立在书店,内心万般迷茫。

～～～

"青野先生!"不知道是谁突然叫了我一声,回头看过去,眼前站着一位似乎不认识的女士。她弯下腰,看了一眼我手中的杂志,问道:"你在考虑跳槽的事情?"

那一瞬间,我在努力思索,这个人到底是谁?她身材修长,一头漂亮的长发,肤色细腻健康。如果是这种异性主动打招呼的话,我想任何男人都会停下来。我也难免大吃一惊。

但是,这种迷茫也就是一瞬间的事,因为,我认出面前这个女人是谁了。

赤神亚里沙,这个女人并没给我留下什么好印象。在工作两年后我考虑跳槽的时候,在求职中介登记了自己的信息,最后却被中介给骗了。而这个女人就是当时所谓的"职业咨询师"。

当时,赤神亚里沙非常热情地给我介绍了相关企业的情况。但是,她介绍的企业却是专事诈骗的不法公司。

听到她叫我,我不由自主地回应道"不是!"随即将杂志放回书架上，转身要离开书店。出于礼貌，我对她说了一句"告辞！"

赤神亚里沙匆忙打断我："请稍等一下！之前的事情真的非常抱歉。当时我什么也不清楚。现在我也离开了那家公司，正在别人手下工作。青野先生，如果方面，能否见一见我现在的老板？对于之前的事情，我一直想找机会跟您道歉。"

我被连珠炮似的说个不停的赤神亚里沙的气势压倒，呆呆地伫立在原地不动。

随后得知，现在她正跟着著名的咨询专家，从事秘书工作。

这位咨询专家就是大名鼎鼎的黑岩仁。这是一位因帮助企业重组而出名的大人物，作为企业管理咨询专家，他经常在媒体上露面，所以我知道他。能够有机会与这种人结识，如果是平时的话，我肯定会毫不犹豫地答应下来，但是，此刻我却不知道怎么回答。

会不会又被骗？见面后说什么好呢？现在自己这种情况去见他是否合适？我内心踌躇不定。

而且，听说咨询专家都是极端厌恶浪费时间的人。如果还不清楚自己的烦恼是什么就贸然过去，不免会被对方看扁。

当时的情况下，我有很多理由拒绝她。也许是窥破了我内心的想法，赤神亚里沙继续说道："见面后你一定不会吃亏。至少在聊过之后，你能知道自己的'市场价值'。"

说到这里，赤神亚里沙从记事本中小心地抽出了一页纸，上面写着"测试自己市场价值的9个问题"，且有一幅示意图。

测试自己市场价值的9个问题：

（1）如果要跳槽，自己拥有多少有价值的技能？

（2）上述技能的"保质期"有多长？

（3）拥有多少即使在其他企业也通用的"宝贵经验"？

（4）这种经验，在社会上有多大的需求？

（5）如果你要离开公司，有多少人愿意帮助你？愿意帮助你的人当中有多少是有决策权的？

（6）公司外有多少愿意帮助你的人？这些愿意帮助你的人当中有多少是有决策权的？

（7）所在的行业中人均产值是多少？

（8）所在行业未来是否有发展前景？

（9）自己的市场价值在未来有多少是具有发展潜力的？

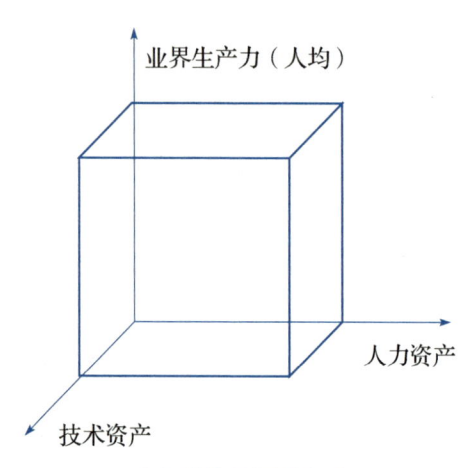

```
                 业界生产力（人均）
                      ↑
                      │
                   ┌──┴───┐
                  ╱│     ╱│
                 ┌──────┐ │
                 │  │   │ │
                 │  └───┼─┼──→ 人力资产
                 │ ╱    │╱
                 └──────┘
                ↙
           技术资产
```

市场价值的测试方法

注：薪酬期待值（体积）是由 3 个要素的乘积决定的。

"这是什么？"

"这是黑岩仁先生教给我的，是关于'测试你市场价值'的方法。相信见到他本人后，你就能知道所有问题的答案。青野先生，我一直想找机会弥补之前犯下的错误。哪怕你过去听听也好，相信对你的职业生涯一定会有所帮助。"

赤神亚里沙一边说着，一边深深地鞠了一躬。

此时，周围的人都看着我们，每个人的眼神里都充满惊讶和怀疑。

我不由自主地回答："我去，但是请先抬起头来。"

就这样，我去了一趟黑岩仁的办公室。

"自己的市场价值"这种东西究竟该如何测试？

～～～

> 换工作时，需要的不是信息，而是"思维方式"

见到黑岩仁后，发现他本人和在媒体上给人的印象一样，保持着良好的身材，眼神给人一种压迫感。赤神亚里沙将事情的原委大概给黑岩仁说了一下，听完后，黑岩仁便斩钉截铁地说："原来是这样啊，这个国家的人力资源公司已经开始堕落了！"

感觉黑岩仁对日本的人力资源公司抱有一种强烈的厌恶感。赤神亚里沙苦笑着说："不好意思，黑岩先生将人力资源公司和求职中介看成眼中钉。对于通过中介机构跳槽的事情，抱有一种强烈的批判意识。"

我总感觉这两个人说话都是一种叹息的口吻，他们之间究竟是一种什么关系？

顿了一下后，我回答说："原来是这样啊！"

黑岩仁马上又问道："你目前在为什么事情烦恼？"我含糊不清地回答说："实际上，自己有时会思考是否有必要继续待在现在的公司。"

"那你是想自己创业,还是想跳槽?是这两种情况中的哪一种?"

"想跳槽!"

"好的,我明白了。那么推荐你学一下'跳槽的思维方式'。"

"跳槽的思维方式?"

"是的,实际上,**在跳槽过程中,需要的不是相关的知识或者信息,而是如何选择的判断标准,也就是'思维方式'**。所谓跳槽的思维方式是我在参与数百家公司的咨询业务过程中总结出来的经验,也就是'能满足你整个职场生涯所需的方法论'。这里面包含了从 20 岁开始到 50 岁,能够支撑工作所需的思维方式。咨询费用是 50 万日元。"

"50 万日元?!原来是收费的啊!"

"当然!我是专业的。平时我 1 小时的咨询费用是 20 万日元。如果这样想的话,你的 50 万日元就算是便宜的了。但是,当你决定跳槽之后,如果对我的咨询建议感到不满,那我可以全额退款。"

"太贵了!我现在不能马上决定,回去想想可以吗?"

"不行!必须现在马上决定。犹豫不决的人一般都是不太靠谱的人。而且,对现在的你来说,能够让你干一辈子的工作难道不比50万日元更有价值?"

"确实如此!"

"如果能找到这种方法,你肯定会感到满意;如果你不满意的话,费用会退还给你。你现在还犹豫什么呢?"

"你说的这些我都明白,但是……"

"听好了,我问你一个问题,你知道为什么跳槽对于很多人来说是一件可怕的事情吗?"

"我想这些人应该是担心如果新的工作单位破产了,自己该何去何从吧。"

"错了!对于很多人而言,跳槽是他们人生中第一次自主的决定。所以,他们才会感到害怕。"

"第一次自主的决定?"

"是的。很多人在平时实际上没有做出过任何值得一提的决定。你可能会认为大学是自己选择的,工作也是自己选择的。但是,这些也仅仅是按照原先的人生轨迹一步一步走下来的结果,实际上你自己并没有做出过什么决定。乘坐电车,到达目的地。选择的大学是根据世俗的眼光和标准认定的好的大学,大学毕业后,也是选择世俗认为好的公司,仅此而已。**所谓真正的决定一定会伴随着一定的取舍**。那么,在过去的人生中,你是否作出过这样的决定?"

"伴随着取舍的决定……"

"很多人之所以会对跳槽心怀莫名的恐惧,并不是因为手里已经握着什么,而是在人生中第一次面临着不得不舍弃一些东西的局面。而且,这种局面中的决定是自己自主作出的。"

黑岩仁停顿的间隙,我在深刻反思自己的过去。

"无论是在考试还是工作方面,那些一直都很努力的人往往会过分看重之前的投入,所以面对取舍会感觉到一种恐惧。而且,即使换了工作,这种感觉也会纠缠他们一段时间。这种情况是否合适?另外一条道路是不是更好?好了,你该怎么决断?是与我签订咨询合同,还是不签?"

说实话,我自己完全没有任何信心。

我想改变自己,而且这种意识很强烈。但是,究竟该舍弃什么,自己是否真的能够做到这一步?对大多数人来说,改变都不是一件舒服的事情。大多数人对于改变都不会表现得无所谓,因为我们不是黑岩仁那种对于任何事情都能够处之泰然的强人。

此时,在我的脑海中浮现出来的是在公司中工作的员工的表情。

"目光毫无生气",确实如此。工作的唯一快乐就是期待

引言 困局与出路

着周末前星期五的到来,这样下去真的好吗?心里想着的只是在退休之前尽可能地逃避,这样下去真的好吗?除了上级交代的任务,尽可能地逃避其他责任,这样下去真的好吗?

无论是什么工作,都会有相应的前景。因为我认同这一点,所以来到现在的公司。但是,实际情况果真如此吗?

公司的前景和自己现在正在做的事情之间,存在一种张力。不知从何时起,我放弃了对理想的追求,不断劝说自己去适应这种生活。"即使换了工作,也可能不会有什么改变,谁也不能保证一定会有积极的改变。"就是在这种状态下,我一步步走到了现在,不再想着跨越眼前的界限。

这种情况下,无疑自己最终只会变成一个一无是处的人。也就是说,自己最恐惧的是"自己将来也可能变成这种人"。因为我能够想象得到,自己可能会变成杂志上所说的"从城市中消失的人"。不,我从内心中无法接受这种情况出现。

脑海中不断回响着黑岩仁的话,"你该怎么做?"

清醒过来后,我轻轻点了一下头,说道:"我愿意。"

黑岩仁对我微微颔首。一直站在一旁的赤神亚里沙对我眨了一下眼,站起身来,从抽屉中拿出一份合同。这是一份颇显神秘的"保密合同",内容主要是对方教授跳槽的思维方式，而我则不能向任何人透露相关信息。未假思索，我在合同上签下了自己的名字。

"请您教给我换工作的思维方式，"我不由自主地站起身来向黑岩仁说，"请您一定多多指点！"

此时，我的内心涌出无限期待，期待着能够有所改变。黑岩仁对我说："你就把这50万日元看作你自己的一种选择，一次高收益投资！"

测试自己的市场价值
——保持竞争力的关键

第 **1** 章

是仰上级之鼻息,还是因市场而动

办理完相关咨询费用手续之后,马上开始了正式的课程。

"那么,我首先该做些什么呢?"我问道。

黑岩仁轻松地说:"好,首先从简单的猜谜游戏开始。假设有一家公司,公司里有员工 A 和员工 B,两人都是 40 岁,共事多年。员工 A 在公司破产后难以维持生计,员工 B 面临相同局面却找到了不错的出路。工作年限相同,结果却迥然不同,主要原因是两个人看待事物的方式完全不同。那么,你认为看待事物的方式指的是什么?"

"即使公司破产了,一个依然能够存活下去,另一个难以维持生计,两个人看待事物的方式,比如,金钱?理财方式?……"

"不对!这种看待事物的方式就是仰上级之鼻息,还是因市场而动的区别。"

"这又是什么?"

"对你来说,首先要明白自己的市场价值。所谓市场价值,正如其字面意思,不是你在目前就职的公司的价值,而是你在行业里、市场中、社会上的价值,也就是你自身的价值。如果世上有两种人,一种是公司破产后能够继续存活下去的人,另外一种是难以维持生计的人,那么造成这两种不同命运的原因是什么?原因就是'是仰上级之鼻息,还是因市场而动'。"

这究竟是什么意思?我似懂非懂。

黑岩仁继续说道:"那么我们换个问法,你为什么能够获得工资?"

"为什么?难道不是因为自己认真完成了公司交代的任务吗?"

"这就是仰上级之鼻息的人的典型想法。事实却完全相反,工资就是你将'自己'这种商品卖给公司,公司购买了这种商品后所支付的费用。最终,你所售卖的仅仅是你自己。而你仅仅是偶然选择了现在的公司,公司也是偶然购买了你这种商品。也就是说,雇佣就是一种'交易'。为了更清晰地理解市场价值,首先需要将自己看作一种商品。"

"工资就是将自己卖给公司后产生的……"

"50年很长,在这段悠长的岁月中,因为目光的聚焦点不同,作为职员的价值也会不同。那些拥有市场价值的人能够获得自由。只要自己愿意,可以辞职离开公司,选择在自己喜欢的地方工作。但是,那些将目光放在上级身上的人是没有自由的。他们一生都盯着上级的脸色。首先,你必须知道测试自己市场价值的方法。"

"那么,该如何测试呢?"

"从结论而言,可以将市场价值比作一个长方体。"

黑岩仁给我画了几幅示意图。

"市场价值是由技术资产、人力资产和行业生产力等三种因素决定的。说到这里,你可能还不太理解。如果说眼前有三种人,你想成为哪种人?"

一是对所有公司都有存在的价值,拥有超高技能的人;

二是能够与其他人友好相处,拥有吸引其他人的魅力的人;

三是没有特别的才能,但是能够获得稳定工作,领取高薪的人。

市场价值 1:技术资产

"这三种类型的人代表什么?"

"这三种人分别对应着构成市场价值的三种要素。你会选择哪种？"

"这样的话，我会选择第一种。拥有高超技能的那种，我非常羡慕这种人。"

"你所选择的第一种人就是代表着技术资产的人。市场价值可以分解为技术资产、人力资产和行业生产力三种要素。由这三种要素组成的立方体体积越大，那么工资的预期值就越高，相反，立方体的体积越小，工资的预期值就越低。理想的职业，应当是在三种要素中至少有两种处于高水平状态。"

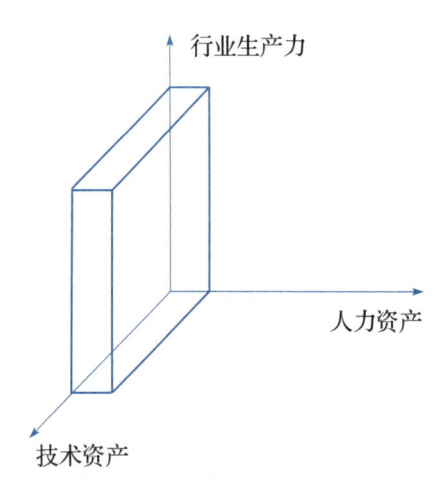

- 护士、会计师
- 咨询师、投资银行职员
- 工程师

专业型职业

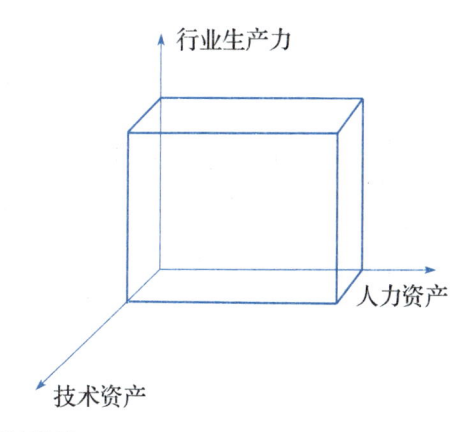

第 1 章 测试自己的市场价值
——保持竞争力的关键

- 综合商社职员
- 媒体、广告代理从业者
- 大企业中升迁最快的人

行业升迁型职业

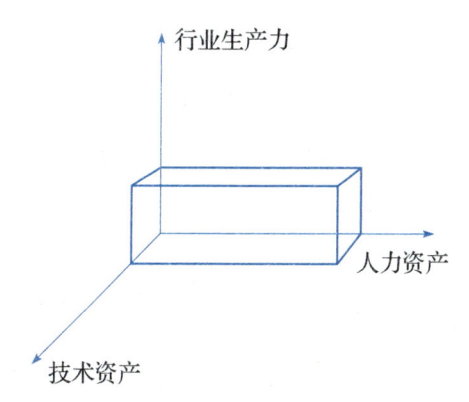

- 利基产业的经营者
- 演艺行业从业者
- 精英编辑、著名作家

利基明星型职业

"原来如此。那'技术资产'究竟是什么东西？"

"所谓的技术资产，正如字面所说，指的是一个人拥有多少有价值的技术。技术资产可以由专业性和经验等构成。这样理解起来可能稍微有些困难，我们通过你的案例分析一下。比如，从前你都从事过什么样的工作？"

我将此前从事过的工作的情况写在一张纸上，然后回答说："此前，我从事了近10年的面向法人机构的销售工作。销售印刷机器。"

接着，我便将自己之前的工作情况详细介绍了一番。听完后，黑岩仁说："在考虑跳槽时，首先应当做的是盘点一下自己的工作。为此，需要将自己过去工作的大概内容写下来。通过梳理工作大概内容，能够提炼出自己的'资产'。那么，你现在的技术资产就包括：**一是面向法人机构的销售工作；二是开拓法人机构市场；三是团队管理（3人左右）；四是印刷机器行业的经验**。其中，前两者就构成了'专业性'。所谓专业性类似于岗位，二者的关系类似于销售与营销、会计与税务、编程与设计等。至于你的专业性，就是面向法人机构的销售以及开拓新的市场。"

我认真地记录下来，我的专业性包括：**面向法人机构的销售以及开拓新的市场。**

第 1 章 测试自己的市场价值
——保持竞争力的关键

黑岩仁继续说道:"此外,所谓的'经验'则是与岗位不相关的技术,其包括的范围更广。代表性的经验,比如业务部长的经验、子公司管理的经验、项目管理经验、组织负责人经验等。简单来说,就是管理团队的经验。此外,还包括市场开发、商品研发、人事制度设计等企划类工作。就你而言,团队管理(3人左右)和印刷机器行业经验属于此类。关键在于此类经验能否应用到其他公司,如果经验不能应用到其他公司,就不属于技术资产。"

听完后,我在笔记本上记下了我的"经验"(与职位不相关的技术),主要包括:**团队管理(3人左右)和印刷机器行业经验**。

"能够应用到其他公司的才是'技术资产',对于这部分我大概能够理解。在此想问一个问题,是否有必要将专业性与经验区分开?另外,编程等工作是不是'专业性'?对于'经验'的理解,我总感觉有点模糊。"

"你的理解只有一半是正确的。实际上,根据年龄的不同,所能掌握的技术也会有所不同。20岁的时候掌握的是专业性,30岁以后掌握的就是经验。结论就是如此。所谓的专业性,无论是谁只要学习都可能掌握。但是,经验却不同。"

"哎……这不是相反了吗?专业性越强的人越能够与其

他人区别开来，相反，至于经验，无论是谁，都能够积累经验吧？"

"如果是20岁左右，这种想法是正确的。20岁的时候主要依靠专业性进行竞争。因为经验这种东西无论是谁都会慢慢积累的。"

"我越来越不明白了……"

"也就是说，越是具有专业性的人，越能够积累'宝贵的经验'，就是这么个道理。原本'宝贵的经验'这种东西并不是可以随便获得的。从公司的角度而言，一般会将比较重要的项目委托给具有较高专业性的精英员工，对不对？这是理所当然的。换句话说，缺少专业性的人，无法获得被委以重要工作的机会。因此，20岁的时候掌握相关的专业性，然后发挥这种专业性，等到了30岁的时候，再积累相关的经验，这才是最有效的路径。"

听完后，我在笔记本上记下：**20岁积累专业性，30岁积累经验**。

"所谓的市场价值永远是相对的。虽然掌握了较高的专业技术，但是，如果周围的人也都掌握了相同的技术，那么就不能转化为价值。相反，如果只有你自己掌握了这种技术的话，那么，这种技术马上就能转化为价值。因此，一定要关注'稀缺度'。而且，说到专业性，无论是谁都有可能获得，随着年龄的增长，越来越难以拉开与别人的距离。相反，经验则不具有可复制性。因此，20岁的时候依靠专业性进行竞争，30岁的时候依靠经验进行竞争。明白了吗？"

> 20岁的时候依靠专业性进行竞争，30岁的时候依靠经验进行竞争。

"好像明白了。"

听明白了"仰上级鼻息"和"因市场而动"的区别，我深有感触。以前，在工作中我主要想着去完成上级交给的任务，对于市场所需求的专业性和经验之间的区别，则完全没有考虑过。

黑岩仁继续强调："这种工作倾向，对女性而言更为明显。也就是说，20岁的女性应当掌握'专业性'。"

"女性应当尽早获得'专业性'，这是为什么？"

"简单而言，就是在生孩子之前，如果不能掌握专业性的话，那么其未来的职业道路就会越走越窄。听起来非常残酷，但是在我们这个国家，一边养育儿女，一边学习'专业性'，二者兼顾的可能性非常低。因此，如果女性希望能够兼顾家庭和工作两方面，在20岁的时候最好就利用自身的专业性有目的地选择公司。或者,优先考虑强调个人销售业绩之类的能够简单呈现个人绩效的岗位。无论对谁而言,只要拥有简单明了的专业性和业绩,即使处于离职状态,也很容易返回工作岗位。从作为雇主的经营者角度而言,无论是什么岗位,谁能为公司做出贡献,谁就是最佳候选人。"

"原来如此,'兼顾家庭和工作'的办法是这样的!我所在的公司,女性职员更多地利用公司的福利制度去应对上述情况。"

"福利制度当然非常重要。但是,从长远考虑,相比依赖福利制度,在考虑专业性和经验的基础上选择相关的工作则更为合适。因为福利可能会因为公司整体业绩的下滑,或者辞职和跳槽而消失。换句话说,所谓的福利是个人难以掌握的一种东西。相比而言,知识和经验则是属于个人的东西,是个人能够完全掌握的。养育后代这件事本身就是由个人难以掌握的一系列事情组成,因此,在职业规划方面,越早进入一种自己能够掌控的状态越好。基于此,那些希望能够兼顾养育后代和工作的人,相比依赖和利用福利制度,更应当尽快地积累专业知识和经验。这才是更稳妥的办法。"

想着这些知识也许对男性也会有用,我又将黑岩仁的话记到笔记本上：**相比福利制度，更应当通过专业性和经验选择工作；养育后代是一件难以掌控的事情，应当将工作置于自己能够掌控的状态之下。**

我又问道："原来如此。我有一个疑问，刚才黑岩先生提到，到了 30 岁的时候，经验比专业性更重要。对于这一点，我还是不太明白。比如，像我这样的普通人，想积累经验，但是感觉无从下手。专业性则简单明了，只要付出相应的努力，就一定会产生结果。"

"不对，应当是反过来。"

"相反？"

"是的，像你这样的普通人，应当利用经验进行竞争。原因在于：想通过市场营销或编程这种专业性往上爬，显然需要一种敏锐性。这种敏锐性会受到年轻时所处的环境以及自身才能的影响。经验则属于选择在什么地方工作的定位问题，而定位可以通过思维方式加以解决。像你这种普通人应更侧重选择在什么地方战斗，也就是说应当通过经验进行竞争。"

越是普通人，越应该通过选择在什么地方战斗的定位进行竞争，而这种经验非常重要。

市场价值 2：人力资产

黑岩仁接着说道："回到正题，下一个要说的就是构成市场价值的第二个要素，也就是人力资产。比如，在你周围是否有这么一种人，他们的面子很大，只需要依靠人际关系就能够获得工作？"

"确实有这种人。"

"这就是提高人力资产的例子。形容人力资产的时候，社会上经常使用'人脉'这一词汇。也就是之前说的三类人中的第二类人：能够与其他人友好相处，拥有吸引其他人的魅力。无论在什么行业，总会有一些人，他们只需要依靠人际关系就能够获得不错的工作机会。在公司里有些人能够帮助你，或者点名让你去做一些事情的话，这就是人力资产。举个例子，假如你换了一家公司，是否还有人继续给你提供工作？"

说实话，对此我并没有太大的信心。

说到这个话题，我脑海中首先想到的就是那些比较照顾我的客户。确实，在客户当中，有不少人表现出对我的尊敬。但是，如果我离开原来的工作岗位，有新人补充到这个岗位，客户就会将注意力放到新的负责人身上。也就是说，对于这些客户来说，我只是一种权宜性的存在，难道非我不可吗？答案显然是否定的。

第1章 测试自己的市场价值
——保持竞争力的关键

"说实话,我感觉自己周围没有这样的人。这些人不是有求于我本人,而是有求于××商事公司的青野,这才是这些人真正的想法。"

"这样啊!如此的话,你的市场价值就处于一种危险状态。听好了,人力资产在20岁的时候没有什么价值。随着年龄的增长,到了40岁以后,就变得非常重要。放眼整个商业世界,越是优秀的人,人们越会说因为是他说的,所以一定要做,因为是他,所以助他一臂之力没有什么不可,别人愿意帮助这种人。当然,前提是自己要具有相应的市场价值。也就是说,在职业生涯中,20岁的时候专业性更重要,30岁的时候经验更重要,40岁的时候人脉关系更重要。"

"原来如此!"

"比如,我们看一下最近上市的公司的管理层,就会意外地发现,很多高管彼此之间都是大学同学关系或者大学毕业后同一年进入公司这种关系。人力资产如同柿子树一样,产生价值需要一定的时间。但是,40岁以后,这种因素则变得非常重要。而能否结出这样的果实,则要看你自己在20岁和30岁的积累。"

听完后,我又拿出了笔记本,在上面写上:**随着年龄的增长,人力资产的重要性变得越来越大;在职业生涯中,20**

岁时专业更重要，30岁时经验更重要，40岁时人脉关系更重要。

市场价值3：行业生产力

黑岩仁接着说道："下面进入第三个话题，就是'行业生产力'。"

"你是否感觉到有些不可思议？金融领域的人在20多岁的时候就能挣到2 000万日元年薪，而婚礼策划行业的人到了35岁以后还只能挣到200万日元年薪。两者的工作在强度上差不多，但是收入的差距却有10倍之多。你认为造成这种现状的原因是什么呢？"

"情况确实如您所说。其实如果从沟通能力来看的话，婚礼策划行业从业人员还明显更胜一筹。"

"是这样吗？这里就涉及第三种要素，也就是决定市场价值的最重要因素——行业生产力。"

"行业生产力？"

"换句话说，就是该行业领域内的从业人员平均每人创造价值的大小。如果用我们经常使用的词汇表述的话，就是人均毛利润。而工资期待值，也就是市场价值，受到行业生产力的影响最大。比如，日本国内人均GDP大约为400万～500万日元，如果按照不同行业领域分析的话，则包括

第 1 章　测试自己的市场价值
——保持竞争力的关键

金融行业、饮食行业……存在很多种行业领域，那么，你知道不同行业之间 GDP 的差距最大有多少吗？"

"不知道，完全想象不出来。"

"最大差距接近 20 倍。这种差距非常巨大。假设 GDP 产出最低的行业人均毛利润是 1 000 万日元，那么产出最高的行业人均毛利润就是 2 亿日元。区别就在于此。毛利润是工资的主要来源，也就是说市场价值会因为选择行业的不同呈现出云泥之别。"

"20 倍！那么工资收入就会有近 10 倍的差距。如此说来，如果我们选错了行业就无计可施了，是吗？"

"确实如此，毫无办法。换句话说，无论技术资产或者人力资产多么高，如果选择进入的行业领域错了的话，那么市场价值绝对不可能太高。不管怎么说，不同行业之间的人均产值最多存在 20 倍的差距，想通过个人的资质或努力弥补这种差距非常困难。"

这让我大吃一惊。确实在所谓的"繁忙产业"中，既有金融、咨询这样的高收入行业，也存在婚礼策划这样的低收入行业。这可能就是"生产力"不同造成的吧。

市场价值受到行业生产力的影响最大。

黑岩仁接着说道："之前说过的第三类人，也就是即使没有太多的才华，也能够获得稳定的高收入的人，这类人实际上就是置身于高生产力行业的人。当然，高生产力行业竞争也非常激烈。但是，一旦进入这种行业，即使技能相同，也会比其他行业的人获得更高的收入。在一定意义上，这些人属于'通过选择行业而胜出的人'。"

这时我的脑海中迅速浮现出一个疑问，我向黑岩仁问道："如前面所说的例子，并不是所有人都希望从事金融领域的工作。比如，我就对金融毫无兴趣，也没有投身这一领域的想法。这种情况下该怎么办？"

"答案就是看清楚电梯运行的方向。也就是说，应当看清楚行业领域是处于一种上行的状态，还是处于下行的状态。"说完，黑岩仁又给我画了一幅图。

"这该怎么理解？"

"在处于上行状态的行业工作，如果打个比方，就像搭乘了一部向上运行的电梯，目的地是处于上方的目标。往往自己即使什么都不做，销售额也可能增加1.5倍。相反，如果在处于下行状态的行业工作的话，则境况会比较悲惨。如果再什么也不做的话，销售额可能只有原来的80%。为了避免这种情况，就需要尽快地使下行的电梯反转过来，朝上运行。"

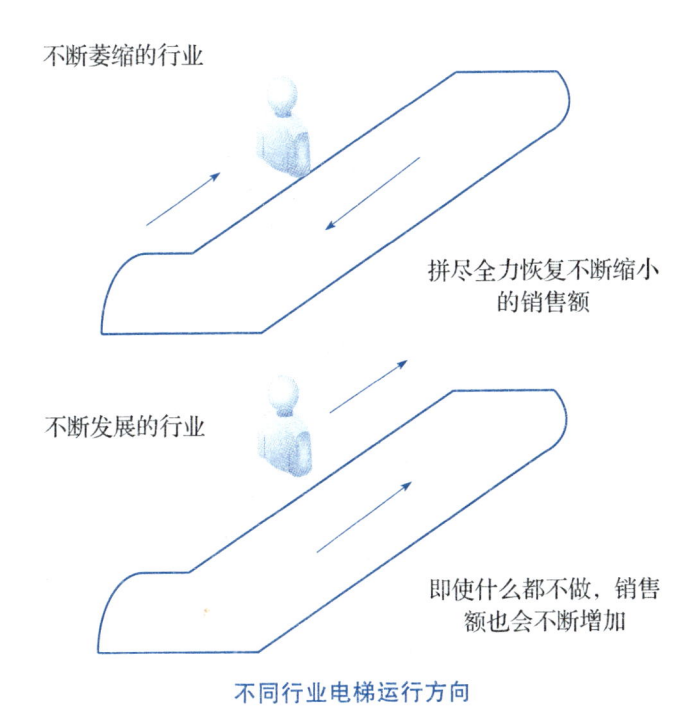

第 1 章　测试自己的市场价值
——保持竞争力的关键

不断萎缩的行业

拼尽全力恢复不断缩小的销售额

不断发展的行业

即使什么都不做，销售额也会不断增加

不同行业电梯运行方向

"确实如此！"

"也就是说，像你这样的人，没有什么技术资产和人力资产，在选择公司的时候，实际上有两种选择：一种就是选择生产力已经很高的行业；另一种就是选择电梯处于上行状态的行业。绝对不能选择的就是那些生产力较低，而且没有发展前途的行业，选择这种行业，生活永远不可能富足起来。"

黑岩仁的话非常通俗易懂，那就是**不要选择夕阳产业**。

在既没有技术资产,也没有人力资产的情况下,就应当选择生产力高的行业,或者选择电梯处于上行状态的行业。

"但是,该如何确认电梯是处于上行状态,还是下行状态?"

"使用一种框架,就可以预测。"

说到这里,黑岩仁慢慢站起身来。

了解当前工作的"寿命"
——专注于上升行业

第 **2** 章

工作消失的周期

站起身后,黑岩仁在白板上画了四个象限。

"这是什么?"我一头雾水。

"这就是所谓的'工作生命周期'框架。虽然经常被人们忽视,但是工作也会经历从出现到消失的过程。比如,编程这一技术在100年前并不存在。广告代理商的工作随着报

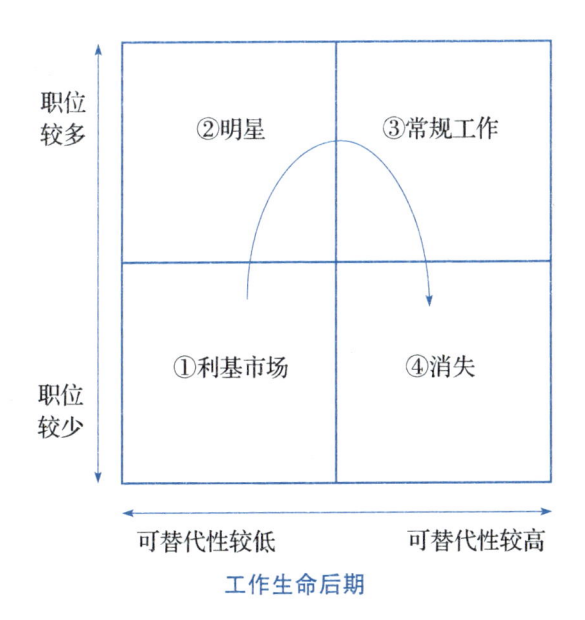

```
职位          │
较多   ②明星   │   ③常规工作
              │
──────────────┼──────────────
              │
       ①利基市场 │   ④消失
职位          │
较少          │
       可替代性较低   可替代性较高
              工作生命后期
```

纸、杂志印刷技术的发展而产生。但是，随着报纸、杂志发行量的减少，一些纸质媒体广告代理商已经开始逐渐消失。如此，工作就是一种产生和消失的循环。这就是'生命周期'。下面我们再分析一下你的情况。"

黑岩仁在白板上写下两行公式：

印刷机器（行业）③ × 开拓法人机构新市场的销售工作③

印刷机器（行业）③ × 团队负责人③

"这里面的③代表的是什么？"我盯着公式，似懂非懂。

"这就是生命周期的状态。所有的工作都有明确的保质期。①是保质期很长，④是保质期临近。具体来说，首先从被称为利基市场的'职位数量非常少，但是难以取代的工作'开始，下面依次是②和③，最后到达④'职位的数量比较少，但是任何人都能从事的工作'，到此，工作就消失了。这就是工作保质期到期的过程。"

"那么图中的职位是什么？"

"简单来说就是用人数量，表示一项工作能够容纳多少人。这个过程按照顺序逐一进行说明。一项工作诞生时，一定是某一部分人最初开创了这项工作。这个你能明白吧？任何事情都需要一个开创者。这就是被称为①'利基市场'的状态。也就是说，处于这种状态，被替代的可能性较低。但

第2章 了解当前工作的"寿命"
——专注于上升行业

是,当其他人都知道这一行能够挣钱的话,那么从事相同工作的人就会不断增加,这样一来,就进入到②'明星'的状态。"

"前仆后继,不断有人加入的话……"

"是的,这样的话,一下子就变成了大众工作。在进入无论是谁都能模仿的阶段之前,这个过程就会被分解,以一种重复的形态被系统化。作为公司,提高程序的效率是理所应当的,因为需要确保相同的工作任何人都能够从事。如此一来,之前只有有限的人才能从事的工作,一下子变成了可替代性很强的工作,最后就变成了③'常规工作'。"

"是不是需求越强的工作,越可能被替代?"

"是的,如此,接下来工作就可能朝着消失的方向前进。因为,背后有资金的力量在发挥作用。站在经营者或投资者的角度来看,③常规工作会大量用人,处于一种'大量雇佣可以被替代的人'的状态。这种情况下,不言而喻,对企业来说人力支出庞大,就会朝机械化的方向演进。如此一来,就会进入④消失的象限。也就是说,所谓的工作消失并不是指功能消失,而是指由人力负担的部分消失。比如,搬运货物的人即使消失了,搬运货物的功能依然有必要存在。"

"原来如此。也就是说,我现在位于③常规工作象限,处于一种不利的状态。"

"是的。你现在的情况,就是所有的工作都处于生命周期的第三阶段。你现在的技术资产也即将迎来保质期结束。按照这样的方式,从整体上分析一下自己的技术,对照生命周期,你就会发现自己作为一种商品的保质期已经快结束了。这就是掌握'电梯运行方向'的方法。"

我在笔记上记下上述内容:**所有的工作都会沿着生命周期的发展方向从产生走向消失;公司尝试将所有的工作系统化,将工作变成可替代的;如果自己的工作处于①的状态,电梯是上行状态,如果工作处于③的状态,则电梯是下行状态。**

置身于上升的行业,自我价值才会提升

"以我为例,只要前述公式中印刷行业的一部分出现变化,也会有职业生涯改观的可能性吗?"

"是的。重要的是要选择在处于上升期的行业工作。如果入错行的话,积累的经验也将无用武之地。相反,如果置身于上升期的行业,那么经验的价值就会成倍增加。例如,从 2010 开始的 5 年时间内,智能手机游戏的市场出现爆炸式增长。这个时候,智能手机游戏行业的工作经验就变成了宝贵的技术资产,因为市场上有众多公司希望能雇佣有相关工作经验的人。假设你现在是人事部门的负责人,仅仅是一

第 2 章 了解当前工作的"寿命"
——专注于上升行业

种假设。"

"哎！好的。"

"公司决定开拓新的业务，你需要面试各种各样的人。其中包括行业内其他公司的员工，这些人曾经在这个行业内取得成功，此时，你会不会很容易表现出对这些人才的渴求？"

"确实如此。这些人知道这个行业的关键所在，也有一定的人际关系网络。"

"相反，如果你被要求负责一项处于衰退状态的业务，那么，你该怎么办？每年的销售额都在减少，基本上处于一种放弃前的状态。你是公司的人事部门负责人，你还会为这项业务招聘新的职员吗？本来业务就发展不顺利，那么自然你就会想办法避免再投资到人工上。关于这一点，你所在的印刷机器行业是一种什么情况？如果再增加职员数量，市场也处于一种饱和状态，那么，想开拓新的市场基本上是不可能的，只能与竞争对手展开价格战。当市场规模缩小的时候，失败的不仅是你自己的公司，竞争对手的利润也会逐渐减少。"

正中要害！确实，现如今这一行已经处于一种不得不通过降价争夺市场份额的状态。

"进入这个阶段后，在公司内部，为了争夺不断减少的工作机会，同事之间会展开激烈的竞争。那些没有市场价值的人，会紧紧抓住公司这根救命稻草。此时，公司内部会出现政治斗争，甚至谣言四起。在这种情况下，技术资产的价值也会不断减少。因此，置身于上升的市场非常重要。"

这时，闹钟响了起来，之前谈好的课程时间到了。我对黑岩仁道了声谢，离开了他的办公室。

回家的路上，我在精神恍惚中回味着今天学习到的东西。

道理非常通俗易懂，但我却有一种强烈的违和感，感觉好像在遗忘了某些重要部分的情况下就开始了跳槽的进程。于是，我再次翻看了笔记：衰退业务的经验没有效用；置身于上升的行业内，这本身就会有一种价值；不仅是自己的公司，还包括竞争对手，整体上利润都在下降，这是市场规模缩小的体现。

当天晚上，前辈上山先生请我喝酒，席间我不由自主地问道："问一个听起来可能很奇怪的问题，前辈您为什么要工作？"

在黑岩仁课上感受到的违和感就是"工作的意义"，于是，我迫不及待地向前辈询问。

第 2 章 了解当前工作的"寿命"
—— 专注于上升行业

"嘿！你怎么了，为什么突然问这个问题？"上山先生一副吃惊的表情。他和我同属于营销部，大我 15 岁。

我回答道："没别的，只是最近开始不断思考自己这样下去是否合适。"

"什么？！你要换工作？"

"现在还没有最终决定，但……是的，我要换工作。"

"原来如此，我嘛，因为有家人的负担，所以必须要挣钱养家。"

"那么，其实还是为了钱？"

"钱？工作不仅仅是钱的问题。我说的不是这个，从更大意义上来说，如果仅仅是为了钱的话，我可能会跳槽到其他更好的公司。我工资不高，这你也知道吧？哈哈哈！"

"确实不高！"我尴尬地笑了一声。

上山先生在公司中现在处于被降级的序列，虽然是销售岗位，业绩却一直未达标，处于被边缘化的状态。所以，他一定会抓住公司这根最后的稻草。上一次的咨询课上，黑岩仁曾经说过："如果没有市场价值，那么剩下的选项就只有抓住公司这根救命稻草了。"

但是，在跳槽这件事上我越是纠结，就越能理解他的感受，那就是对现在的公司感到不满，却又毫无办法。在这一点上，我和他是一样的。

上山先生接着说:"你在考虑换工作的事情?如果我年轻10岁的话也会换工作的,那么现在我应该已经成了工程师了。我是理工科出身。"

"是啊,您大学学的是机械专业?我相信您一定能够做到!"

其实,我非常讨厌这样的自己,虽然心里想的不是这样,但是因为担心被别人厌恶,还是会说一些言不由衷的话。这就是我。

"算是吧,毕竟我也是帝国大学的毕业生。顺便问一下,你要跳槽的事情跟公司说了吗?"

"没有。什么也没说。因为我现在还没有最终决定跳槽。"

"这样啊!"

"是的。"

"我明白了。"

说到这,上山先生好像开始思考什么事,眼睛向上看着,一边喝着酒。我突然有一种不好的感觉。

第二天的工作是从同事的离职告别开始的。

作为合同工,山本的合同本月已经到期,之前她曾经帮助我很多次,所以,今天我们特意向她赠送了她喜欢的

第2章　了解当前工作的"寿命"
——专注于上升行业

鲜花。

在热烈的掌声之后，山本有些激动，眼中含着晶莹的泪花。

我有些出神地在远处看着这一切，没想到山本这样认真且热心的人竟然辞职了……这时候，不知道是旁边的谁，朝着我说道："真是悲惨，作为合同工！山本一直想转正成为正式职员，但是好像没有通过转正考试。"

说话的人叫横田，隶属于会计部，是公司里为数不多与我交好的同期员工。

"是啊，连山本这样优秀的人都离开了！"

"客观地说，她比我们这些没用的正式员工都勤奋，而且态度认真。但是，告诉你一件事，千万不要外传，听说她之所以没能转正成为正式员工，好像不是业务方面的原因。"

"怎么回事？"

"听说好像是山本曾经与上山发生过争执。那个人看到女员工就想着占人家便宜。被山本拒绝后，上山好像断了这种念头，却开始散布与山本有关的谣言。虽然课长对上山的话半信半疑，但是好像谣言已经传到了上头的部长耳朵里，于是对课长下令要其想办法解决这件事。没有办法，最后，课长也爱莫能助了。"

听到这些，我的内心对自己说，这些事无论是真是假，都无所谓。

"山本是一位让人看一眼就难以拒绝的可爱女子，因此，可能被上山钻了空子。而且，在此之前，上山不是干过劳务管理吗，听说他常利用自己的职权威胁一些正式员工。"

说实话，我对这种传言感到很厌烦，真想告诉横田自己的感受。

但是，最终我还是没能说出口。于是，横田接着说："真的是太过分了。而且，听说上山和他老婆的关系也不好，现在他们已经分床睡了，他自己每天就睡在客厅的沙发上。有时回家晚的话，就被赶出家门，睡在办公室。真讨厌，竟然变成了那样的人。在工作方面，也被贴上了无用之人的标签，而且还对年轻的同事下手，被从家里赶出来，睡在办公室，这是不是一种失败的人生？"

这是从什么时候开始的事？我自然无视这种传言。

当然，如果这些事情是真的，肯定是不能原谅的，传言涉及的那些行为是绝对不可原谅的。但是，听到这样的传言，我的心情也不好。

谁和谁发生了婚外情，谁和谁关系不睦，对于这些传闻，谁喜欢去打听呢？谁能从中获得好处呢？此时我想起了黑岩仁曾经说过的话：当企业的发展停滞不前的时候，人们就开始在公司内传播谣言。

第 2 章 了解当前工作的"寿命"
——专注于上升行业

如果能够回到过去,重新见到 21 岁时的我,那我想问一下那时的自己,为什么选择进入现在这家公司?当时的求职动机是什么?

"喂!你在听我说吗?青野。"

"什么?啊……确实是太过分了!"

"其实,还有比这更过分的事!"

"更过分的事?"

"这种话不能站在这里说。你现在有时间吗?"

"有时间。"

于是,我被带到了会议室。横田小声对我说:"下面将要给你说的事才是最重要的,你能保密吗?这种事情我只会对和我关系最好的你说。"

"啊!如果是谣言的话,就算了。"

"不是。是关于我们公司经营的事,是销售数据的事。"

"销售数据的事?"

"实际上,咱们公司的经营状况并不是很好。详细情况即使给你说了,你可能也不理解,这里就不说了。公司恐怕坚持不了两年了,现在公司的现金流已经枯竭了。其实,从去年开始,公司的现金流就出了问题。今年秋天,公司失去了一笔大买卖。此外,现在还不能说,那就是公司可能有人做了一些违规的事。如果这种事传出去,咱们公司的信用就会受到影响。现在公司上层之所以乱成一团,就是因为这件事。"

听起来好像横田被分配到特别调查组,负责调查此事。确实,最近公司部长以上级别的干部都给人一种战战兢兢的感觉。

"这样啊,我也确实感觉到了一点问题,情况真的糟糕到这种程度?"

"非常糟糕!所以,你现在也要考虑一下跳槽的事了。实际上,我现在也在考虑跳槽的事。如果现在离开的话,还能拿到退职金,如果再过一年的话,能否拿到退职金就不得而知了。"

"我知道了,谢谢你告诉我这些。我相信你说的。"

"绝对是真的。这些事你自己知道就好了,别告诉其他人。"

虽然横田这样说,但是我感觉公司不至于到了破产的地步。我听说公司发展到如今的规模,负责给公司融资贷款的银行就不会坐视公司破产。但是,很可能会以公司重组的名义进行大幅裁员。

现在,我已经下定决心,必须认真考虑一下跳槽的事了。

精准定位，明确目标
——寻找有潜力的市场

第 **3** 章

不要将自己的人生托付给"别人建造的船"

当天下午,有一项关于销售的拜访工作。现在,我们公司的销售额一直上不去,公司的市场份额逐渐被竞争对手新研发的产品所蚕食。所以,从竞争对手手里夺回市场是销售人员的最大使命。只要能在竞争中取胜,无论使用什么手段都是允许的。说不定这种情况就是导致违规行为出现的原因。

我将一整套方案材料放到提包中,走出办公室,正要去最近的车站时,从国道辅路上突然窜出来一辆菲亚特牌汽车。车停在我的面前,从车上下来一个人。

竟然是黑岩仁。"上车!"上车?上这辆车?现在?

"黑岩先生,发生什么事了吗?"

"快点上车。今天是课外辅导。有个地方想带你看一下。"

"不是,你在说什么啊。现在是上班时间,不能随便走开的。我现在要去见一个客户。"

我对黑岩仁的提议感到匪夷所思,果断地拒绝了。

黑岩仁却愈发坚定:"那就取消与客户的预约。现在!

马上!"

"真是毫无道理。这是一个非常重要的预约,怎么可能说取消就取消啊?"

"什么是重要的?"

"现在公司正处于困难时期,要珍惜每一份合同!"

"但是,你不是要辞职了吗?这都将与你无关了。"

"但是,我现在还拿着公司的工资,不去做本职工作的话,说不过去。作为一名职员,这是我应当做的事情。"

"卖东西?是卖这个吗?"

说着,黑岩仁指着我的手提包。我点了一下头。

"要我说的话,将这种东西卖给客户,不如不卖的好。这也是为了你们公司着想。"

"什么意思?"

"说实话,你们公司的产品没有什么价值。相比竞争对手,你们的产品性能不高,价格却一点不低。一旦购买了你们的产品,两年时间内不能解除合同。而且,你们也不会将不能解除合同的事情完全告诉顾客。这就是一种骗人的产品。说得好听点,你们做的比较好的仅仅是广告而已。为此,花大价钱聘请明星,让这些人为你们的欺骗行为提供掩护。那么,你卖这种产品还有什么意义?"

"为什么你对这些事情这么了解?"我已听得满头大汗。

"我会对自己的客户情况进行详细调查的。你就是我的客户,所以我就调查了你的情况。调查后我更加确信,购买了这种毫无技术含量的产品,究竟是谁获得了好处?实话实说,这简直就是狗屁不如的产品。"

"你怎么能……"

"通过分析你的性格,我相信你会比任何人都清楚这个产品的情况。是不是你最清楚?"

这一问,让我竟然无言以对。

对于销售人员来说,最痛苦的莫过于对自己公司的产品没有丝毫信心。没有一个销售人员希望推销自己都不认为是好东西的产品。但现实是残酷的,因为我不得不继续推销这样的产品。这就是现实。其实,我一直纠结于此。

可能是从我的表情中察觉到了我内心的想法,黑岩仁又给了我致命一击,他接着说:"听好了,推销自己都不信任的东西,没有比这更让人失望的了。因为为了卖出去一件东西,必须撒很多小谎。而人一旦开始学会撒小谎,那么不久之后撒谎之人就会坦然接受撒谎。这样的话,人内心的那份正直就死掉了。这种事情,之前我目睹过成千上万次。所以,最好还是不要去推销这种产品。这也是为你好,不是吗?"

我已无力辩驳,点头说道:"确实如此,对公司产品没有信心也是我想辞职的原因之一。"

"真的是这样吗?"

黑岩仁接着对我穷追猛打:"如果是这样的话,那么你给现在要去拜访的老客户打电话试试。这样就不需要再去奔赴这场多余的会面了。相信对方一定会高兴的。"

此时,我不由自主地拿起电话拨打过去。我客气地告诉对方,突然有点急事,希望能改天再去拜访。听了我的话,对方只说了一句"知道了",就挂断了电话。

这就是冰冷的现实。也就是说,对于老顾客而言,我们是一种多余的存在。此时的我,身体像是被抽空了似的,无力地坐上了黑岩仁的车。

为什么黑岩仁对我的事如此热心?竟然还给我课外辅导,他想给我看什么呢?

坐在车里,我脑子里一直想着这些事。但直到最后,我一直忍着没有发问。

车终于停了,我们来到了一家像是老店的宾馆前。从外面能够看出宾馆里的情况。从外观上看,这家宾馆弥漫着一股昭和时代的气息,感觉还不错,但是好像已经很长时间没有人打理了。

此时,黑岩仁对我说:"你看到了什么?"

透过玻璃窗,看到店内有一位40岁左右的女性和一位

20岁左右的男性。

"里面有一对男女。两个人好像都没有什么事情可做。从刚才开始，两人一直在闲谈，男的一直在摆弄着手机，看起来不像是在工作。"

"听好了，这家宾馆不久就要重新装修，但是终究逃脱不了倒闭的命运。"

"倒闭？"

"经营这家宾馆的 Domestic Corporation 公司因为债务违约，将在一个月内破产。"

"你怎么知道的？"

"这家公司是我的客户。准确说来，是我曾经的客户。我之前就知道 Domestic Corporation 没有前途。所以，一年前，这家公司的社长找到了我。他一上来就问我有没有什么办法。虽然我提供了咨询，但是因为负面的遗产太多，该公司已经陷入到一种由金融机构进行债务重组和固定资产盘点的苟延残喘状态。不久之后，当得知难以进行重组的时候，公司社长的态度发生了变化，打那之后他就没去过公司。"

"不去公司了？为什么呀？"

"想必是逃避现实吧！公司倒闭后，将近 400 位员工的生活没有着落。那位社长可能是逃避这种压力吧。如此一来，只能等待倒闭的命运，对此他也束手无策。为了帮助那家公司，我代行社长之职，尽可能地削减成本，四处奔走希望银行能够缓一缓到期的债务。即使如此，最长也只能续命一年。"

"真的没有办法了吗？这些员工真的很可怜。"

"没办法。而且，从两个月前开始，该公司就没有再支付我的咨询费用了。到此，我已经仁至义尽了。"

"但是，虽然如此，那位社长还是太过分了，怎么能做出抛弃员工这种事？应当再想想别的办法。"

"你真的这么想吗？这位社长直到最后才改变了态度，在此之前，他一直想着实现公司的重组。为了提高员工士气，他几乎每天都到一线鼓励员工，为了开发新产品，想尽了各种办法。但是，不管怎么做，也激不起员工的干劲。看看，这就是现实。"

我想起刚才那两位员工谈笑风生的场面。他们不是在想办法，而是一副发呆的表情。

"相信社长一定在什么地方品味着挫折感吧。这家公司不会有什么改变。"黑岩仁断言。

"是不是什么地方出了问题？在很多经营管理类书籍中，都写着只要给员工打气鼓劲，公司一定会变好。"

"简单来说，就是改变，能够跟随大形势改变。没能采取有效的应对措施去适应这种变化，你认为这是谁的错？我觉得原因不在社长，而在员工身上。"

"员工？"

"对于枯坐在那里的两个人，你认为他们是否有市场价值？"

我的直觉告诉我，应该没有。因为从这两个人身上完全看不到对工作的欲望。

"我不太清楚。但是，看起来不会太高。"

"是的，我几乎走遍了公司所有的部门，去倾听员工的想法。但是，这些人认为自己被雇佣是理所当然的，而不愿付出任何努力。为了享乐而去学习的人，为了获得享乐的机会才会去工作。获得稳定的收入，这就是这些人的动力。你能期望这些人去努力工作？对于他们而言，找到工作就是终点。"

我找不到任何理由反对他的观点。

"但是，社会上对技术的需求是经常变化的。而且，在此之前有很多改变的机会。社长给了这些人机会，但是他们却无视。相反，他们成立了工会，不让公司实行弹性工资制度。他们只会主张自己的权利。要是让我说的话，这些人就是一帮垃圾。你刚才说这一切都是社长的错吧？"

"是的。"

"那么,我现在再问你一遍,社长和员工,你认为是谁的错?"

"虽然如此,我还是觉得是社长的错。"

"为什么?"

"你不觉得这些人非常可怜吗?社长在一年前就知道了公司将要倒闭,是不是应当将倒闭的事告诉员工?"

"哦!"

"为什么这两个人不知道公司将要倒闭的事?黑岩先生是不是应当提前告诉他们?"

"社长强烈要求我不要告诉员工。"

"为什么呢?"

"你会住在一家即将倒闭的宾馆?而且,这家宾馆销售额中的大部分都是预付的年会费。将要倒闭的消息哪怕泄露出去一点点,就会引起很大的骚乱。他应当害怕这种情况出现吧。"

"果然还是自私的人!"

"听好了!在组织当中,将工资待遇看作是理所当然,这件事本身就是错误的。在大公司就职的人,拿到的工资大都超过了他们的能力。其中很多人,如果公司将要倒闭,或者对公司不满的话,马上就将所有责任推给社长或者其他上面的人。但是,不要忘了,你现在所乘坐的船是公司社长或前辈们从零开始创造出来的。那些之后才登上别人造好的船的人却满腹牢骚,这本身就是错误的。"

"那么,该如何做呢?"

"要掌握挣钱的能力,方法只有这一个。难道你想一辈子都做被别人呼来喝去的人吗?对于上级交代的事情,只知道说好好好,还期待着有一天能够从这种囚笼中解放出来吗?但是,这一天不会自动到来。无论你往上爬多高,你的上面还有别人。即使你当上了课长,上面还有部长;即使当上了部长,上面还有本部长;即使当上了本部长,上面还有董事;即使当上了社长,还会有其他更了不起的角色在你之上,比如银行、股东或者客户。在你获得'能够选择自己人生的能力'之前,你永远不可能拥有真正的自由。"

"选择自己人生的能力……"

"现场学习到此为止,咱们找个地方再继续聊聊吧!"

别让自己成为公司里的"日用品"

我们来到附近的一家咖啡厅,继续之前的谈话。我犹豫再三,还是向公司请了当天的假。

"今天之所以带你去刚才那家宾馆,是希望你能够了解中枢型(pivot)职业思维模式。"

"中枢型职业思维模式是什么?"

黑岩仁边说边画了一幅图。

"中枢型是用来描述企业经营的术语，表示转变经营方向或者经营路线。比如，虽然开展了 A 业务，但是业务发展并不顺利，所以就转变为 B 业务。用在职业上，表示将重心继续放在自己具有优势的领域，然后另外一只脚慢慢移向今后可能会逐渐变强的领域。就好比冲浪运动，波浪一层接一层涌过来，你应当抓住当前波浪的势头，在这一层波浪即将消失的时候，及时将身体转向另一层波浪。这就是能够让你一生受益的最强的方法论。"

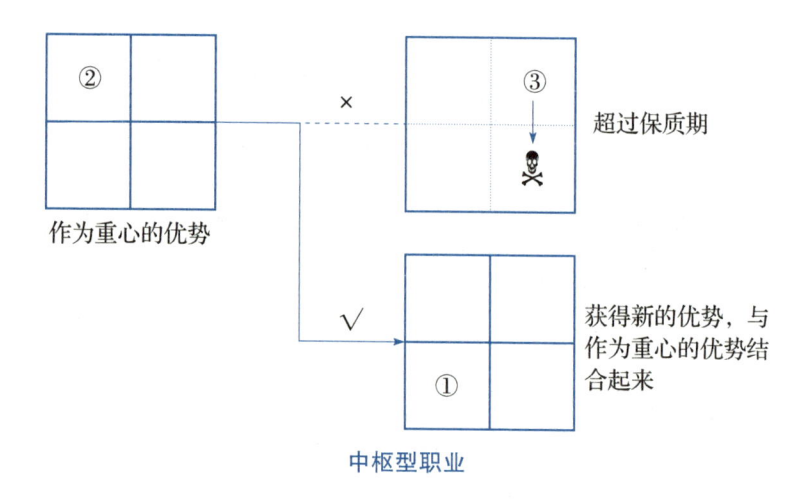

②作为重心的优势 × ③超过保质期

√ ①获得新的优势，与作为重心的优势结合起来

中枢型职业

"最强的方法论……"

"我之所以带你去刚才那家宾馆，是希望你能够了解人

类最根本的特质是什么。在员工乘坐的船只变成危船的时候，这些人反而变得固执起来，不愿意有所行动，心里只想着紧紧抓住公司这根救命稻草。这就是臭棋中的臭棋，只会让势态变得更加恶劣。中枢型职业就是避免这种情况出现的方法。"

"我大概理解了其含义。但问题是该如何发现下一层波浪。刚才那家宾馆的员工好像并没有找到新的波浪。"

"首先要知道什么是'绝对不能做的事情'，那就是选择进入一家将十年前的产品卖给同一客户的公司。在急剧变化的社会中，在同一个地方卖着与十年前一样的产品，这就是毫无应变的一种表现。市场发展得越来越成熟，对于公司来说，这有好的一面。但是，对于新员工来说，则是最不好的情况。因为现在你加入这种公司，只能是一种随时可被替代的存在，也就是说，你变成了一种"日用品"。因为你所在的公司里，有些人已经在这家公司工作了最少十年了。"

"我们公司确实是把与十年前相同的产品卖给相同的客户。"

"所以，你就没有市场价值。也就是说，你就是为了获得已经腐烂的橘子而特意跳上浪头的冲浪者。"

"腐烂的橘子……不要说得这么尖锐吧……"黑岩仁的一番话让我战战兢兢。

发现有潜力市场的两种方法

"那该怎么办呢？发现下一层波浪和具有上升潜力市场的方法有两个。**方法一就是聚焦风险企业，关注不同企业处于发展状态的业务；方法二就是关注突破现有行业低效率的逻辑。**"

黑岩仁接着补充道："首先，第一个方法就是关注创业和投资的动向。那些竞争力强的风险企业的战略基本上都是一样的。简单而言，就是跟随社会的发展。风险企业因为在资本和人数上比不过大企业，所以紧随时代发展就成为这些企业获胜的法宝。听起来比较有意思吧？在真正意义上的成长型市场当中，崛起了很多能够与大企业进行竞争的风险企业。"

"关注风险企业，这我之前还真的没有关注过。"

"调查这些企业的方法有几种。首先是通过检索'××行业风险企业'关键词的方式查询。也可以通过检索求职网站进行查询。然后选择部分检索出来的企业进行详细调查。有一些公司成立的时间很短，如果这些公司能够获得外部投资，就说明它们属于成长型市场中在人员和资金方面领先的公司。"

听到这，我将重点记到笔记本上：**具有发展潜力的市场中，有很多能够与任何一家大企业进行竞争，而且处于快速发展中的风险企业。**

"另外一种方法就是关注突破现有行业低效率的逻辑。这种方法有点难度。说实话,如果大家都知道一个东西是好东西的话,那么实际上这个东西是没有价值的。相反,那些被别人指出后大众才发现其价值的东西,才具有不菲的价值。听明白了吗?"

"是否可以将其比作股票?"

"确实如此。如果谁都能看出这是一家有潜力的企业,那么这家企业的股价肯定已经处于上涨状态。这种情况下,买入这种股票也很难获得高收益。那么,你知道世上的聪明人是如何赚钱的吗?首先,A 类人是在 100 万人中想站在最顶端的人,这些人为了在现有的渠道中爬到最顶端,会百倍努力。S 类人的想法则完全不同,如果要参加 100 万人规模的游戏的话,这些人会最先参与。"

"最先参与 100 万人规模的游戏,也就是说,这些人会购买别人都还没有注意到的潜力股。但是,该如何寻找这种潜力股呢?我感觉自己应该不属于 S 类人。"

"方法就是逻辑。那些具有发展潜力的公司从成立之日起就会有独特的逻辑。他们赌的是自己相信的逻辑。"

"逻辑?"

"具有市场潜力的商品一定会打破市场的低效率。这些公司在行业内已经存在 30 年以上,其所在行业效率低下,其业务采用独特的方式与对手进行竞争。如果逻辑正确的话，那么无论早晚，这些公司都会取得成功。"

"行业的低效率……说实话，我只听懂了一点。"

"比如，就大家都知道的教育行业而言，日本的教育从30年前到现在一直没怎么变过。虽然从一线教师的角度而言听起来很刺耳，但教育行业的低效率是不争的事实。比如，在互联网技术已经普及的情况下，一些教师每年都上着同样的课，难道你不觉得这是一种低效率的表现吗？你觉得他们不与时俱进，是不是存在问题？或者，升级改造小学、初中、高中、大学这种划分体系就是一种提高效率的表现。方法其实有很多种。"

"这些真的能做到吗？"

"无论哪种方法，都会被了解教育现状的人蔑视，所以很难实现。但是，这无所谓。只要改变这种低效率的逻辑足够强大，在未来终会有一天迎来改变的机会。这就是发现具有成长潜力市场的第二个方法，'打破行业低效率的逻辑'。"

"原来如此。"

"很多时候，从长远来看，有价值的东西和没有价值的东西之间可能出现逆转。年轻的时候被人无视，但是只要能够坚持自己认为有价值的事情，那么终究有一天会发光。相反，那些在年轻的时候被别人交口称赞的人，进入一家好公司，开始的时候过着惬意的生活，但是，最后就变成只会抱怨公司的人。这种情况很多。"

"确实如此，现在我们公司就是这种情况。"

"这可以通过'生命周期'理论进行解释。如果一家公司非常受人欢迎，那么，公司职位的数量应当已经很多了。但是，这也表明工作的'保质期限'快到期了。相反，虽然没有人关注，但是如果仔细打听，发现公司的规划有其合理性的话，那么公司处于生命周期起始阶段的可能性就很高。这样的公司未来将具有很大发展潜力。也就是说，那些能够从道理上说得通的东西中，才真正包含沉睡的钻石。"

才能有差异，但定位是平等的

此时，我又想起了黑岩仁此前讲过的关于精英的内容，从长远目光来看，那是不是就是价值出现逆转的案例？

我整理思绪，向黑岩仁提问："在这个世界上，有一些观点是与黑岩先生您的观点完全不同的。比如，有的观点认为应当尽可能地在现在职位上展现才华。对于这种观点，您怎么看？"

"确实，在这些取得成功的人士当中，有很多人认为首先应当做好眼前的事。这在一定程度上是正确的。但是，如果你认真分析这些人的职业履历的话，会发现其中很多人都是因偶然的机会而被才能和机遇所眷顾。也就是说，**这些人的经历不具有可复制性**。对于没有特别才华的大多数人来说，最重要是如何思考以及做出合适的选择。这也就是定位的问题。定位对于任何人来说都是平等的，因为这可以通过'思维方式'加以解决。"

"定位可以通过思维方式进行解决……"

在课外补习结束回来的路上，我重新回顾了今天所学的知识要点：**一是在有 100 万人参加的游戏中，不要想着去争夺第一，应当争取第一个参与这场游戏；二是看透这种游戏本质的关键，在于是否具有改变行业低效率的强大逻辑；三是从长远来看，有价值的东西和无价值的东西会出现逆转；四是对于绝大多数人而言，重要的是根据思维方式找到可能解决问题的定位。**

当天的工作是从一条令人欣喜的信息开始的。"谢谢！现在我们给你发送订货单"，发来信息的这家企业是我一直跟踪的大客户，当天这家客户下了一笔大订单。如此一来，在这个月还剩下两个工作日的时候，我总算完成了业务目标。此时，我终于松了一口气，晚上可以美美地喝上一顿了。

但是，随后却发生了一件让人扫兴的事情。事情发生在上山身上。不知道他从什么地方听到了消息，在公司没人的时候对我说道："恭喜！青野，祝贺你完成了目标任务。"

"啊！谢谢！"

"不好意思，你现在有时间吗，能不能帮我整理点资料？"

"整理资料？"

"明后天要去见一个非常重要的客户，现在资料还没有准备好。你这两天有时间吗？"

"但是，我也有自己的事情要做。"

"我知道。但是，现在不是处于困难时期吗？这个时候更需要同事之间相互帮助，不是吗？我现在还没有完成任务，如果你只想着自己的事情，那可不是一流销售人员的作风啊。"

这几年来，上山从未完成过销售目标。数月之前，他还想着反败为胜，完成销售目标任务，但是现在好像已经放弃了。

他之所以还能够继续待在销售部，就是因为他手上有一些大客户。实际上，他非常擅长对现有客户开展销售工作。

"部长也说了，这个时候，分店的人应当团结一致！"看到我在犹豫，他补充道。

"好吧！我知道了。"

"谢谢，你帮了大忙了。我用邮件把刚才正在做的资料发给你，你按照上面的要求完成就可以。"

我打开电脑，查看了一下自己的邮箱。上山给我发的邮件中添加了不少相关的资料。

既已答应帮他，那就尽快动手吧！我调整状态，准备开工。

我大概浏览了一下资料内容，基本上所有的工作都还没开始做，文件里只写着一些如何做的要求。

我不免生气，但也无可奈何。上山就是偶尔能干出这种事的人。他就是瞄准了这些有能力帮忙，也不太会拒绝的新人，让这些人帮自己做一些事情。如果别人帮忙做好的相关方案获得通过，他只会说一声"谢谢"，把所有的功劳都据为己有。

我只好轻叹一口气。

但是，也是为了给自己一个交代，我严肃地对上山说："这次是偶然碰上了我。要是在平时，你只能让其他后辈做或是自己做。下面的人，都有自己一大摊子的事，所以你最好还是自己去做，是不是？"

上山的答案是肯定的。

今天估计是回不去了，于是我取消了晚上与女朋友的约会。最近一直没什么时间好好陪陪女朋友，总感觉对不起她，但内心却有一种释然的感觉。

晚上快 11 点的时候，终于要做完了。这时，一起进公司的横田对我说："我有些话想跟你说。"于是，我们一起找了个地方去喝酒。

说实话，这个提议正合我意，我正想着去放松一下呢。

在离商业街不远的地方，有一家土豆沙拉做得特别好吃的小店，大学的时候我经常去，所以我们就选择了这家。

落座后，横田突然换了一副表情对我说："那就开门见山了，你做了什么错事吗？"

"你说什么呀？"

"感觉你好像做了什么不好的事。"

不好的事？我想不到发生了什么事。

"今天为了制定下一个季度的预算，我查看了转岗到子公司人员的名单，其中就有你的名字。"

"哎！为什么啊？"

"现在是我在问你。"

被转岗到分公司一般有两层意思，一是改变上班的地方，二是被剥夺了升迁的可能性，类似于降级。我真的在那个名单上吗？

"我想不到自己犯了什么错误。在现在的部门，我完成了业务目标，也取得了一定的成绩。"

"这样啊,在一周之前名单上还没有你的名字。但是,今天重新修订了名单,你的名字就出现在上面了。发生这种事绝对不正常!"

"是不是名单错了?这次被转岗的人基本上都是在公司工作了 20 年以上的人。"

"不是,我看了好几遍,确定没有看错。我也感觉很奇怪,好像是上周末的时候名单被更新了,当时青野你的名字就在上面了。也就是说,你是被新加上去的。你心里有没有头绪?"

"一周之前?这么说的话……有一次我取消了与老客户的见面。但是,那天我身体不舒服,这也是很平常的事,而且我也按照程序办理了带薪休假。至于其他事,我完全没有什么头绪。"

"真的吗?你有没有做过什么其他的事情?比如对某人说了'公司好像不行了'这样的话?"

"怎么可能说这种话呢?我真想不到是因为什么。"

"这样啊,那有没有对谁说过对公司不利的话?"

"对谁说过?上周我曾经跟上山提过可能会换工作的事。确实,当时他的表情有点奇怪。"

"那一定就是这件事了!那个人本来就是那种对没影的事情喜欢添油加醋的人。有可能是他把你要换工作的事情告诉部长了。你也知道,咱们的部长对于不顺从自己的人绝不会手下留情。如果跟他提出要跳槽,他很可能将你看成叛徒。"

"这个我知道,但是上山他有必要做得这么过分吗?"

"现在,公司整体的离职率很高,部门的离职率好像会对部长以上级别干部的人事考核产生影响。如果是真的,那么与其让员工从自己的团队中辞职,不如先下手把员工发配到分公司,这样是不是就不会对自己的人事考核产生影响?"

"确实如此。"横田的分析听起来很有道理。

"上山就是那种喜欢巴结上级的人。这种人就喜欢告密,换取领导的信任。如果是他的话,真的可能干出这种事。"

"但是,这也只是你的猜测吧?说不定是人事方面有什么考虑呢?"

"你啊,怎么还能说出这种淡定的话!对别人的善意要适可而止。这会对你的职业生涯产生什么样的影响,你知道吗?有可能你一辈子都无法回到这里来了!"

"但是,不是一切都还没有确定吗?"

听到我的话后,横田重重地叹了一口气。

"正是因为你这种态度,所以你才会经常吃亏。不管怎么说,我明天去问一问上级,看看是不是名单错了。我悄悄地打听一下将你加入名单的理由,或者是不是名单错了。"

"谢谢。但是，前提是不能影响公司对你的评价。"

"啊！真是拿你没办法了！"

横田一副无语的表情，重新点了一份土豆沙拉。看着他，我内心想着，上山真的会做出这种事吗？又是为什么呢？我心情变得沉重起来，于是换了一个话题说："先别管这件事了，换工作的事情考虑得怎么样了？"

"说到这件事，我现在已经找到几家很好的求职中介，确定要参加招聘考试的几家公司了。最快下周就要考试了，比如 Tanabe Technology 公司等。如果你有意的话，我可以把你也介绍过去。"

"不用了，我就算了。"

"为什么呀？现在你又发生了这样的事，行动起来绝对是没错的。"

"不是，实际上，现在有一个人在帮我，他不让我去咨询其他的求职中介。"

"这究竟是怎么回事？"

于是，我把黑岩仁的事情略作介绍。黑岩仁说过，求职中介基本上都是利益导向型，他们获得相应的利益是由"想要换工作的人开始与企业接触时"决定的。

比如，一个想换工作的人，有两家求职中介给他介绍了 A 公司，那么最早将这个人介绍给 A 公司的求职中介有权获

第3章 精准定位，明确目标
——寻找有潜力的市场

得报酬。

因此，无论一个求职中介多么替求职者考虑，如果最终求职者进入其他中介介绍的公司的话，那么，前一家中介一分钱也拿不到。因此，求职中介都很讨厌求职者与其他中介接触，所以，会尽可能早地将求职者介绍给公司，并试图让求职者接受他们的建议。

此外，黑岩仁还列举了两个禁止与其他求职中介接触的理由，第一个当然就是他自己想获得咨询费，第二个是他认为在没有重心的情况下就考虑跳槽的话，是一件非常危险的事。

我将这些事说给横田听，他听了后，一副很认同的样子。

"原来如此！是这个原因啊。那么，青野你打算去什么样的公司？"

"我现在还毫无头绪，但是有一点，就是希望能够选择一个处于成长期的市场。"

"处于成长期？比如IT行业？"

"是的，但是，需要再仔细考察一下。"

"果然是青野的作风！"

在回去的路上，横田对我说："不管怎样，我先试着帮你调查一下上山的事情。"但是，我对他说："只听别人说终究不好，我还是自己问问吧！"

当天晚上，我的心情一直不能平复，好像一直有一个疙瘩堵在心口，夜里一直睡不着。

第二天，我找了一个与上山说话的机会。虽然不知道怎么开口，但是，我还是想确认一下。

"上山，昨天的资料怎么样？"

"资料？什么资料？"

"昨天我帮你做的方案资料啊！"

"那个啊，帮了大忙，谢谢！多亏了你帮忙，今天早上这个合同好像能够拿下来。但是，另外一家调整了日期，所以，这个月能否完成目标，情况比较严峻。对方说，这个月事情比较多，希望下个月再讨论购买的事情。真是服了！"

"调整了日期？"

"是的，你前面帮我做了资料，但是却……"

"你是什么时候知道对方要调整时间的？"

"昨天晚上。我没有及时告诉你，不好意思。因为是下班时间，觉得打扰你不好。但是，下个月应当能用得上，你还是帮了大忙了！"

我在心里想着，问题的关键不在于此，如果你昨天就知道的话，应当马上告诉我"不用做了"。

"这样啊，你要是早点告诉我，我就不用这么折腾了！"

"是啊，不好意思。下次我请你吃饭，再去上次那家。"

说到这里，上山两手合十，举到了额头附近，一边说着"这次就这样了"，一边做出了道歉的姿态。于是，我继续说："说到上次吃饭的那家饭店，我想起了一件事，就是我上次跟你说的事情，你告诉别人了吗？"

"你说的事情？什么事？"

"职业规划的事。就是我考虑跳槽的事。"

"跳槽的事啊，怎么了？发生什么事了吗？你这么问我，是不是有什么不好的事情？"

"实际上，我听到了一些不好的传闻，好像有人知道我要跳槽的事。但是，关于跳槽的事，我只告诉过你一个人，你是不是告诉别人了？"

"这件事啊！"

"是的！"

"说了啊，告诉部长了。正巧部长有一次跟我说，现在的年轻人没有长性，说辞职马上就辞职，如果你知道有那样人的话，你要马上告诉我。所以，我就告诉部长你的事情了。"

"啊……"

我愣住了。我确实没有叮嘱上山不要告诉别人。但是，我想正常人应当不会把这种事轻易告诉别人。

"你为什么要这么做？"

"这是理所当然的事啊。在公司处于这么困难的情况下，还有人提出想辞职，这简直就是叛徒。将这种潜在的风险告诉上级，是我应尽的义务。"

"但是，我在工作上有一定的成绩，该做的事情都做了。"

"这是两码事。这是对公司是否忠心的问题。现在，部长非常高兴。不知你是否知道，现在我们的分公司需要外派一个人。这样一来，部长也就省去了选择候选人的麻烦。"

"没想到你竟然……那将我的名字加进名单，也是你干的了？"

"名单？"

"我听说我刚刚被加进了外派到分公司的名单中。"

"这不是我干的。这是部长定下来的。但是，还是要感谢你。"

"感谢？"

"实际上，那个名单上本来有我的名字。你却在这个时候代替了我，说实话，真的是帮了大忙了。因为，跳槽就是叛徒才做的事情。"

"不可能……"听到这里，我已近乎崩溃。

"真的非常感谢你。你现在还是单身，但是我还有老婆和孩子，还要还房贷。对不起，我不能去分公司。这是事关生死的问题。"

为什么我这么笨？

我从内心深处讨厌自己这种窝囊的性格。还是我太掉以轻心，我没有证据去证明所有这一切都是上山的阴谋，即使证明了，也不能改变部长的决定。想清楚这些事情后，悔恨的泪水在我眼里打转。

小的时候，母亲曾经对我说："相信别人？为什么？"曾经，我决心为公司的发展努力工作。虽然我自己不是公司最优秀的员工，但我想着至少要为公司赚取更多的利润，对得起自己的工资。现在这一切都因为一句话而即将画上句号。最后，没有人向我伸出援手。也许正如黑岩仁所说，自己的路只能自己走，难道真的是这样吗？

尽管如此，我还是愿意相信别人，相信这一切都是某种误解造成的。但是，眼前这个人的态度给了我沉重一击。上山接着说："真应该感谢你的愚蠢。真的！"

我努力控制着不让自己的泪水流下来，用尽全力说道："我知道了，工作剩下一点，我会接着做完。"

"是啊！有什么能帮上忙的，不要客气！"

有取必有舍

——适合的就是最好的

第 **4** 章

在"轻松的工作环境"和"市场价值"二者中选择哪一个

"这样啊!所以说你还是太幼稚。"

听我讲述完事情的前因后果,黑岩仁说道:"在换工作的时候,需要注意一点,那就是,绝对不能将你正在考虑换工作的事情告诉你信不过的人。就你的情况而言,你将事情告诉了口风不严的人,这绝对是一种失败的策略。"

"但是,我真的没想到他会告密。"

"当然会了!现在很多人对于换工作都缺少一种深思熟虑。我真想问问你的智力停留在什么时代!"

"'换工作就是叛徒',他竟然这样对我说。"

"说实话,我觉得是相反,无论对于公司来说还是对于整个社会来说。"

"相反?"

"你想想看,一家公司中有很多人在考虑换工作,另一家公司里的人绝不会去考虑换工作,甚至员工只想着抓住公司这根救命稻草,拖着公司的后腿。你认为哪种公司更有前途？"

"应当是前者。"

"所谓有前途的公司是与人们的惯常认识完全不同的公司。在这种公司中，员工都有能力跳槽，但是，这些人却不会轻易跳槽。这种公司才是最有前途的。在如今的时代，只有这种公司才能存活下来。所以说，现在的公司经营者们应当转换思维方式。有一批优秀的员工能够陪伴公司两三年，应当感到满足了。"

"我心里明白这些，但是我从大学毕业起就一直在这家公司，对公司还是有一种不舍。"

"被戏弄还会不舍吗？你真的不是一般的执拗。但是，你要冷静思考一下，如果你所言非虚，那么这种公司即使发展再好，又有什么意义呢？不尊重员工，员工之间相互拖后腿，这种公司发展再好，有什么意义？打个比方，就像一个果篮里不断腐烂的橘子，越烂越快。而我所从事的跳槽咨询工作，就是要从这种腐朽的公司中寻找到尚未腐烂的年轻人，给他们机会。"

"但是，现在这家公司也有好的一面。"

"好了，不说了。你想问什么？"

被上山算计这件事发生后，我脑海中出现了一个疑问，今天我主要是带着这个问题来找黑岩仁。

"我切身感受到了市场价值意识的重要性,但是,通过这件事,我也感觉到公司内部氛围,也就是'轻松的工作环境'也非常重要。跳槽时如果只盯着市场价值的话,是否失之片面?"

"首先,你应当记住一个前提。'轻松的工作环境'非常重要,但是,这并不意味着市场价值是与其对立的。相反,从长远角度来看,两者更多的时候是一致的。越是能够吸引更多具有市场价值人才的公司,其工作环境往往越是轻松。"

"为什么?"

"当公司发展顺风顺水的时候,与市场价值什么的没有关系,大家和和气气,一派和睦的景象。但是,当公司发展出现困难的时候,情况就会反转。那些没有市场价值的人就会变得冷酷残忍起来。为了保住自己的职位,他们就会想办法排挤别人。对于这一点,你是不是有所体会?这次事件中,你的前辈是不是就是这种人?"

"不能否认。"

"而且,你说的话只有一半是正确的。在选择公司的时候,并非只有市场价值是重要的。说实话,这也会因人而异。有的人追求的是良好的成长环境,有的人追求的是安逸稳定。对于大多数人来说,最好是综合考虑这三种因素:**市场价值、轻松的工作环境以及发展的可能性。**"

"也就是说，在选择公司的时候，不能只考虑市场价值，也需要考虑工作环境和发展的可能性。我明白这些话的意思。"

"你要注意，社会上有很多招聘信息。即使简单浏览一下，可能都会花好几天的时间，往往到最后还是搞不明白，只能去咨询求职咨询师的意见，然后接受他们的建议。这种事每天都会发生成千上万次。但是，如果不加甄别就接受了这些意见，最后可能什么也不会改变。重要的是，要在事前明确自己的需求。这就是'轻松的工作环境'和'发展的可能性'。当然，很少有人能够在事前就百分百明确自己希望得到什么。但是，你已经不是刚毕业的大学生了，你有工作经验，如果能够在内心反省之前的工作经验，那么，在一定程度上就能够理清自己希望得到的是什么。"

"要明确自己能够获得什么信息。"

"是的。对于现在市场价值不高的你来说，更应当关注'发展的可能性'。说实话，我比较讨厌强调'有良好发展环境'的人。20岁的时候说说是可以的，但是到了30岁以后，成长需要通过自己的能力去获得。你现在要认认真真地分析一下自己是否还有成长的可能性。只有能够做出成绩的人，好的工作才会自己找上门来。特别是在30岁以后。具体来说，在面试的时候，可以询问对方以下三个问题：第一，需要什么样的人才，期待对方能够发挥什么样的作用；第二，现在公司内评价最高的人是什么样的，他为什么能取得这样的成绩；第三，像自己一样通过社招应聘的人当中，现在发展不错的都是来自哪些部门，现在负责什么业务。"

黑岩仁接着补充道："在询问对方这三个问题的基础上，如果能够预见到自己将来也能够在公司有所发展的话，这就可以。相反，如果不能预见的话，那么未来有所成长的可能性就很小，最终在跳槽后陷入困境的可能性就比较高。这方面需要做好充分的心理准备。"

"说得好详细！"

"现在还剩 10 分钟，还有什么想问的吗？"

"我从什么时候开始找工作比较好？"

虽然我非常相信黑岩仁，但是内心还是相当焦虑。经过上山这件事，我在公司内已经没有容身之地了。但是，现在过了这么长时间，黑岩仁还没有给我介绍具体的工作。

黑岩仁回答说："我再强调一遍，首先要掌握换工作的思维方式。而且，当前求职市场不景气。现在推荐的话，都是一些因为职员突然离职而出现的空缺，或者是一些并不是非常缺人的企业。所以，再等一等。"

"可是，现在我有些焦虑，真的能赶得上吗？"

"你真是一个胆小的人啊!听好了,在此之前的十年,你一定有过跳槽的机遇,但是,你最终没有走出这一步。你知道为什么吗?因为你还没有完整的思维方式。所以,你首先要做的是掌握这种能力,这是先决条件。不是吗?"

黑岩仁说得没错,确实,在此之前,我曾经有跳槽的机会,但是最终没能迈出这一步。虽然如此,我内心依然很焦虑。

如果要换工作的话,是不是早些辞职比较好?想到明天还要去现在的公司上班,我备感压抑。

重新梳理了一下今天学到的东西。**选择公司的三种标准:一是市场价值;二是轻松的工作环境;三是发展的可能性**。所谓轻松的工作环境并不是与市场价值对立的,相反,从长远角度来说,两者是一致的。**确认发展可能性的三个问题:第一,需要什么样的人才,期待对方能够发挥什么样的作用;第二,现在公司内评价最高的人是什么样的,他为什么能取得这样的成绩;第三,像自己一样社招的人当中,现在发展不错的都是来自什么部门,现在负责什么业务。**

"会议到此结束。大家辛苦了!"

主持人说完这句话后,分店的月度例会就结束了,同事们陆续离开。

横田也参加了会议,会后他对我说:"不好了!上次的事情,幕后果然是上山在捣鬼。"

我轻轻点了一下头。横田继续说:"即使如此,为什么今天只有你没有发言的机会?"

月度例会就是销售部门根据完成业务目标的情况,给员工由高到低排位,排名前三的人都会有一次发言的机会。这个月,在销售业绩上,我排在第三名。也就是说,按照常理,我应当有一次发言的机会。

但是,为什么没有给我发言的机会?

"从那件事之后,这种事情有很多。之前很多机密信息也将我排除在外。在开会的时候,也不让我发言,这种事情太多了。"

实际上,我最近处于一种被同事欺凌的状态,恐怕就是触了部长的逆鳞吧。应当是部长给课长以下的人发出了什么指令。这也是给大家一个警示,告诉大家得罪部长的结果就是这样,可能就是所谓的杀鸡儆猴吧。

"太过分了!"

"横田,现在也只有你站在我这边了!"

"你说什么呀!这是理所当然的,无论发生什么事,我都站在你这边。这一点不会变的。话说回来，发生这件事，我也没能帮上什么忙，真的不好意思。我打听了一下，无论部长、课长，还是公司的上级或其他职员都知道了，你好像被加进了裁员名单里。"

"是吗？但是，横田你没事吧？如果现在被别人知道了，那就麻烦了。不过，你比我机灵，应当没事。"

"你是说换工作的事吗？一切都很顺利。上周已经面试完了，对方对我的评价好像很高，也非常希望我能过去。给我介绍工作的求职中介也很高兴，面试完当天，对方就给我打电话说：'横田，对方对你的评价很高！'"

"是吗？！太好了！"

"下周末会安排董事长最终面试，之后应当就可以定下来了。说实话，我还是很高兴的，有一种自己的能力被别人认可的感觉。在现在的公司，我完全没有工作的动力，你要问我是否担心，我完全不会担心。"

"真替你感到高兴。"

"是吧？而且，原定的面试时间是一个小时，最后，对方跟我说非常希望我去他们那里，能不能让其他人也见见你？最后，面试时间达到了两个半小时。"

听到这，我也有点热血澎湃了。

与自己一起工作、同一时间进入公司的人，得到了市场

第 4 章 有取必有舍
——适合的就是最好的

的肯定,想到这里,我也非常受鼓舞,内心有一种热流在涌动。

"怎么了?你一副神不守舍的样子。"

"没什么,最近发生了很多事。"

"是啊!"

我有些气馁,于是换了一个换题,问道:"话说回来,你面试的公司是什么样的公司?"

"一家叫 Tanabe Technology 的公司,是一家 IT 人才公司。最近发展很快,也开始在电视上做广告了。之前,我通过大国数据银行悄悄调查过这家公司的财务状况,发现这家公司的财务状况很不错。虽然工资待遇比现在的公司少了一些,但这是一家有实力的公司,相信工资待遇很快就会提高的。当然,我应聘的是会计岗位。"

"是吗?真的不错!"

"实际上,我一直想问一下你,如果觉得合适的话,你一起过来吧?"

"为什么这么说呢?"

"我还是觉得能和你一起工作最好了。之前咱们不是一起做过项目吗?当时感觉真的很不错。一起离开这种腐朽的公司,然后再一起共事的话,该多好啊!"

"确实如此,想一想就很高兴。"

"是吧!而且,求职中介也问过我,周围有没有优秀的人能推荐给他们,你觉得怎么样?"

"如果和你一起工作,真的有可能呢。"

我们就像刚工作的年轻人一样越聊越开心。

"而且,如果是我介绍的人,最后成功应聘的话,我好像还能拿到 5 万日元的回扣。这样,咱俩就一起去吃一顿好的。"

"听起来不错,感觉是给的小费。但是,目前还不行,我之前不是跟你说过嘛,我已经答应了黑岩仁。我必须要问一下黑岩仁再做决定。"

"真是的!还是别问了吧!更何况你也不知道黑岩仁是什么样的人。如果他也是上山那样的人,该怎么办?他的想法和我们完全不一样。"

"你是相信我,还是相信黑岩仁?"横田又追问道。

"当然是你了!"

"是吧!不管怎么说,我还是喜欢和你一起共事。怎么样?"

最后,在横田的软磨硬泡之下,我答应他去和 Tanabe Technology 的人事负责人聊一聊,但不是正式的面试。此外,在横田的介绍下,也答应去另外一家风险企业聊一聊。虽然这样做感觉对不起黑岩仁,我还是觉得能够和横田共事,这种吸引力是其他条件难以替代的。

遗憾的是，此后这也成为一个很大的问题，当时却没能预见到。

识别一家好的风险企业的三个要素

实际上，我答应横田去聊一聊的这两家公司，给人的印象是完全相反的。究竟哪家公司才最适合自己呢？对此，我毫无头绪。

首先，Tanabe Technology 公司总部的地理位置非常好，同一个楼内的都是一些非常有名的外资公司。

我去参观的办公室都是玻璃幕墙，非常时尚。而且，前台是一位模特般的美女。给人的印象就是一家非常前卫的公司。

这家公司的面试也非常有意思。

负责人事的人一眼看上去就是非常睿智的人，应当是咨询行业出身，他对未来的远景以及公司需要什么样的人才描述得非常清晰。

另外一家公司叫 Bee Ventures，说得不好听点就是很没特色的一家公司，公司内部装修与如今的风险企业一样，办公场所是免费提供的，室内各处都摆放着观赏植物。但是，公司所在大楼本身年岁已久，稍显凋敝，前台的位置摆放着一台智能设备，无人值守。

但是面试的时候，这家公司还是让我吃了一惊。公司的社长亲自参加第一轮面试。公司社长给人的感觉并不是一个充满活力的人,而是很淡泊,总体上给人的印象是一个内敛的人。这与我之前印象中的风险企业老板完全不同。

对于这两家公司,我都问了相同的问题。之所以问这样的问题,是因为之前黑岩仁曾经教给我"看清风险企业的方法",那就是**看清楚一家好的风险企业有三个要素:是否存在竞争对手,竞争对手是否也处于发展期;公司的员工是否都很优秀,风险企业的创业人一般都非常优秀,但是其他人是否也很优秀;同行的评价如何。**

对于第一个问题,Tanabe Technology 的人事是这样回答的:"你应当知道蓝海这个概念吧。我们公司的产品是独一无二的,现在业内还没有同类型的竞争对手。因此,我们公司没有竞争对手。"

Bee Ventures 的社长针对这个问题明确告诉我,有一家竞争对手,而且那家公司发展也很迅速,现在自己的公司虽然是市场第一,但被赶超的可能性也很大。

也就是说,对于"是否存在竞争对手"这个问题,两家公司的回答大不相同,Tanabe Technology 说没有竞争对手,Bee Ventures 说有竞争对手,而且竞争对手也在快速发展。

此时,我想起了黑岩仁曾经说过的话。他说,在快速发展的市场中,会有很多想赶上风口的风险企业。因为在市场整体快速发展的情况下，只有处于与多数公司相同的发展程度，市场才会发展。另外，在成熟的市场中，一定会出现与竞争对手争夺市场份额的情况。也就是说，Bee Ventures选择的是一个更具有潜力的市场。

黑岩仁给我的第二个建议就是"看一看员工是否优秀"。对于这个问题，面试官自然会回答"优秀"，对此，黑岩仁说："**在面试的时候，要求普通员工也参加，看看其现场的反应；如果能够直接和普通员工交流的话，那么自己应当主动去问一些问题，如果这些普通员工能够准确回答你的问题，那么就没什么问题。相反，如果他们不能准确回答你的问题，那么，最有可能的情况就是公司高层很优秀，但是普通员工很一般。**"

我按照这种方法，提出希望能够和普通员工交流一下。虽然这种请求很难说出口，但我还是按照黑岩仁的建议提了出来。

"不好意思，如果可能的话，能不能单独安排一下，让我和一线工作的员工聊一聊？之所以提出这样的请求，是因为我希望自己能够在下一家公司工作的时间长一些，想打听一下包括个人情况在内的事情。将来能够与我长时间相处的人，就是这些一线的人员。"

对于这个请求，两家公司的反应并不相同。

首先，Tanabe Technology 是这样回应的："一线的员工？但是，我们更希望你见一下我们公司的董事长。至于一线的员工，你进来后会见到的，但是董事级的人以后可能就很难见到了。而且，我们公司的董事长非常优秀，对于公司的魅力所在，相信他比我更能清楚地告诉你。"

Bee Ventures 的社长则回答说："当然，你想见在这里工作多少年的员工？除了销售人员以外，也请你和我们的产品工程师聊一聊。"

可以看出，两家公司的反应完全不同，哪种情况更好呢？此时，我有些迷茫了。

从直觉来说，相比 Tanabe Technology 而言，Bee Ventures 更适合自己的性格。该公司社长严肃、认真的态度也比较符合我的偏好。此外，在面试方面，与 Tanabe Technology 相比，我感觉在 Bee Ventures 的面试过程中，自己发挥得更好。但是，结果却大大出乎我的意料。

Bee Ventures 那边一直没有通知我是否录用的结果，而 Tanabe Technology 当天就通知了录用我的消息。

面试后要问一问求职中介"公司对自己哪些方面评价不高"

面试当天晚上，我接到了将我介绍给 Tanabe Technology

第 4 章 有取必有舍
——适合的就是最好的

的求职中介的电话。通过电话,都能感觉到对方的兴奋之情。

"恭喜!青野。通过了!对方说希望你参与第二轮的董事面试。刚才和面试官聊了一下,对方对你的评价很高。没问题的话,那么就进入到下一轮的面试,怎么样?"

如果说自己没有一点兴奋之情,那是假的。自己能得到别人的肯定,不高兴才怪。但是,我不想再次经历失败,所以,我谨慎地用黑岩仁给我的建议答道:"谢谢。顺便问一下,对方对我哪些地方给予了高度评价?"

黑岩仁曾经给我提出建议,要打听一下在面试过程中哪些方面被对方给予了高度评价。实际上,不同的企业,评价人的视角有很大的不同。如果是那些重视人才的公司,一定会给你一个满意的答复。所以,这一次我通过求职中介打听企业对我的评价。

求职中介的人回答说:"对于青野你认真工作的态度以及能够连续完成销售目标这两点给予了高度评价。最主要的是,对方说能够感觉到你在进入公司后,会在工作中和大家真诚相处。面试官说,非常想和青野一起共事。对方的言语中透露出一股兴奋之情。这种情况真的不多见。"

接下来,我问了一下对方担心的问题。这也是黑岩仁告诉我"一定要问"的问题。

"对方有没有说进入公司后他们担心的问题或者不确定的问题?"

求职中介有些迷糊地应付道:"担心的问题吗?"

"是的,比如说因为我没有在 IT 企业工作的经验,他们是否担心我能否胜任。"

"原来是这个问题啊!对方完全没有担心。青野,Tanabe Technology 非常重视对员工的培养,进入公司后,你也可能需要学习一些新的东西。在这一点上,他们有这种企业文化,进入公司后,相信你一定能展现自己的才华。对方招人也有名额限制,青野,你如果没有其他问题的话,是不是可以安排与董事们的面试了?"

说实话,对于这个问题,我既有放心了的感觉,也有一种不安的心情。放心主要是因为对方比我想象的更深入地了解我的才能,不安是因为中介在言语中流露出一种用套话敷衍我的感觉。

实际上,横田也对我说过相同的话。

于是我回答说,能不能稍微让我考虑一下,之后挂断了电话。当天,求职中介竟然又给我发了一封邮件。邮件中提到面试的反馈是"评价很高",并标明下一轮面试中面试官的姓名以及访谈链接。

这家中介真的是非常仔细认真,做了值得认可的工作。

打开链接后，显示的是 Tanabe Technology 董事长的访谈：我们公司领先于时代，不断创造新的价值。成为新时代科技的领军企业，这就是我们公司的愿景——董事长辻本。

公司网页的设计也非常简洁精练，好像经常出现在一些媒体上。

此时，我回想了一下黑岩仁以前教我的"鉴别好的求职中介的方法"。成为好的中介的五个条件：第一，向客户反馈他有什么地方值得称赞，入职后需要注意的地方（一定要问一下"有什么需要注意的"）；第二，给客户提出对于其职业生涯来说，能够带来一定价值的建议，而不是仅仅针对求职本身给出评价；第三，能够帮助客户与企业交涉延长答复的时间和年收入；第四，能够认真回答客户提出的"有没有其他好的工作机会"这样的问题；第五，与公司的社长或者董事、人事部门负责人等有很好的关系，能够自主安排求职者与这些人的面试。

那么，这次的求职中介怎么样呢？

首先，在第一点"面试反馈"方面做得不错，还是能够认真对待的。但是，对于其他问题，我感觉他们做得并不是很好。特别是对于第二点，我还有很多疑问。

对方如此着急安排下一轮面试，给人的感觉就是并没有全面考虑我的人生规划，而是想着赶紧把"商品"卖出去。

所以，对方的回答只反映出这次面试是好还是坏。

当天，Bee Ventures 最终还是没有答复我。

"想去的公司"和"能去的公司"两者并不一定是一致的。特别是在社招的情况下，时间节点非常重要。不同于刚毕业的大学生，在社招的情况下，很多时候都是岗位一招满，招聘工作就结束。所以，在面试的时候，即使得到的评价很高，但是如果有更优秀的人才，那么也有落选的可能。

此时，我想起了黑岩仁曾经说过的一句话：**只通过财务报表无法看出企业的价值所在。**

好久不见，再次见到黑岩仁，我竟感觉有点紧张。

黑岩仁喜欢开门见山地交流。于是，我一边看着上次记下的笔记一边问道："鉴别好的风险企业的三个因素：是否存在竞争对手，竞争对手是否也处于发展期；公司的员工是否都很优秀，风险企业的创始人一般都非常优秀，但是其他人是否也很优秀；同行的评价是否好。是这三点吗？"

黑岩仁建议道："在其中第三个因素方面，应当搜集同行对这家企业的评价。也就是说，应当搜集那些对行业情况比较了解的同行对跳槽目标企业的评价。"

第4章 有取必有舍
——适合的就是最好的

但是，现实中这却很难做到，因为像黑岩仁这样消息灵通的人毕竟不是很多。

看到我不解的神情，黑岩仁补充说："你提的这个问题真是不多见的好问题。原本所谓现代商业的价值就很难通过传统的会计标准以及业绩进行判断。这也增加了大企业员工分析判断哪些是有成长潜力的市场的难度。"

"传统的会计标准？"

"是的。首先，在换工作的时候，需要查看一下公司的财务状况。但是，最近这些财务信息不一定能够起到作用。具体来说，很多企业都不会将对企业经营来说最重要的资产加入资产负债表。比如，Facebook公司最大的优势就在于其拥有遍布全世界的个人信息以及庞大的内容数据。但是，这种数据不会显示在资产负债表中，因为没有人能够判断这些数据的准确价值。"

"所以，才需要去向对这个行业非常熟悉的人打听一下。"

"没错。如果自己周围没有这样的人，也可以利用网上的评论来了解。互联网这个东西，在以前，上面的很多信息都是不能相信的，不过，现在也有很多真实的信息。但是，需要注意的是，浏览相关评论的同时也要与其他企业获得的评价进行对比。因为在网上留言的基本上都是对公司持有负面印象的人。特别是关于工资报酬的评论，越是那些没有业绩的人，无论是在哪家公司，都越容易心生不满。不过，通过与其他企业的横向比较，就可以作为参考。"

听完后，我赶紧把这些内容记到笔记本上：**很难只通过财务状况去判断企业的价值；可以参考网上的评论，但是一定要与其他企业进行对比。**

但是，Tanabe Technology 这家公司怎么样呢？

按照黑岩仁的性格，如果告诉他我去面试了，那么一定会让他不快，但是，我不想撒谎。

"您认为 Tanabe Technology 这家公司怎么样？"

"那家公司不行。"他马上回答道。

此时，我的心脏开始剧烈跳动。

瞒着黑岩仁与企业的人事见面是原因之一，还有一部分原因就是我不想再受伤了。就像有异性表白说喜欢你，最后却发现对方实际上是一个不折不扣的坏人，那时就会有这么一种心情。

黑岩仁接着说："作为一家普通公司，这家公司并非不堪。如果作为跳槽目标公司的话，肯定是不行的。"

"为什么呢？"

"因为判断一家公司好坏的标准和判断跳槽目标公司好坏的标准不一定是一致的。首先，那家公司一直在宣传自己是 IT 企业，实际上只是一家人才派遣公司。他们做的就是将人作为劳务派遣到客户，然后收取相应的费用。如果从工作的生命周期判断的话，实际上，那家公司从创立起就是做这项业务的。因此，如果现在跳槽过去，就不会有什么市场价值。而且，最近 Tanabe Technology 的离职率非常高，另外，它的录用标准很低。如果从介绍一个人过去就能获得一笔报酬的中介的角度看的话，简直就像是天堂般存在。实际上，你无论咨询哪一家求职中介，都会给你推荐这家公司。"

确实如此，我刚刚经历的情况就是这样。

"如果大量招聘人才的话，那么不是证明公司的发展很顺利吗？"我不太甘心，追问道。

"这一说法只有部分是正确的，但从整体而言是错的。首先，从雇主角度来看，所谓的求职中介是需要支付相应报酬的。因为成功介绍一个人，企业需要向中介支付被介绍人预期年收入的 30% 左右。所以，原则上公司不会每次都通过中介招聘人才。但是，为什么有时还是会通过中介呢？一种情况就是公司发展非常迅速，需要大量员工，但是公司招聘不能满足这种需求。Tanabe Technology 确实有这方面的因素。但是，这里面有一个矛盾。"

"矛盾？"

"所谓的矛盾就是，作为一家 IT 公司，即使公司的业务不断扩张，也不需要雇佣大量员工。如果还是需要招聘大量的人，那就可以判断 Tanabe Technology 并不是一家 IT 公司，而是人才派遣公司。"

"原来如此！"

"那家公司没有自己的研发部门，系统都是外包的。而且，公司的所有员工每天要做的就是到外面去开拓新的市场。表面上宣传是一家 IT 公司，实际上并不是 IT 公司，这种情况有很多。特别需要注意那些经常在媒体上露面，不断进行融资的公司。对于这种公司，如果只看其表面的话，很难判断。Tanabe Technology 就是这类企业的典型代表。"

"这些事，我以前都不知道。"

"另外一种频繁利用求职中介的情况，往往出现在通过公司员工介绍新人加入的渠道或者由公司直接招聘的渠道行不通的情况下。如果你想去一家真正优秀的公司，这一点一定要记住。真正优秀的公司，人才会自然聚集过来。这类公司的员工自然会有一个评判标准，然后介绍新员工加入进来。当然若是精英人才的话，公司必须主动去联系，但是，以你现在水平，也就是一线员工的情况下，不需要通过求职中介。"

"听您这么一说，感觉这家公司真的不是一家好公司。"

"你真是不开窍啊！如果作为跳槽目标公司的话，不推荐 Tanabe Technology。但是，作为一家普通公司，还是很不错的。因为无论招募什么样的人才，公司的销售额都会增加。可以说，它作为一种商业模式还是很不错的。所以说，这家公司的经营者是一个天才。但是，下面的人随时都可以被抛弃。也就是说，这样的公司不想培养员工。这也是我不推荐这家公司作为跳槽公司的原因。如果你非要去这家公司，那么建议你努力学习技术、积累人脉，然后进入公司上层。再强调一遍，重要的是'工作的生命周期'。"

我将这些话记在了笔记本上：**判断一家公司的好坏和判断跳槽目标公司好坏的标准不一定是一样的；需要思考为什么企业愿意支付高额的费用通过中介进行招聘，为什么中介强烈推荐那家公司（离职率很高，招聘标准很低，对于中介来说可能是好事，但是很可能是因为这家公司难以让自己的员工介绍认识的人加入进来）；无论是什么样的人才，如果进入这种流水式商业模式的公司，一般都很难提升自己的市场价值，如果非要进入这样的公司，一定要在拥有技术资产和人力资产之后，直接进入高层。**

听着黑岩仁的分析，我的脑海中浮现出横田的身影。

现在是不是就是横田参加最后一轮面试的时间？

黑岩仁说的事情是不是真的？如果是真的，我一定要告诉横田。但是，该怎么说呢？另外，黑岩仁说的也可能是错的。

但是，现实很严峻。当天晚上我回到家后上网查了一下Tanabe Technology 的评价，果然，口碑非常差。

很多人在网上评论说，"入职前说的事情，入职后完全不同"。当然，这种评论也会出现在同领域的其他企业身上。但是，对 Tanabe Technology 的差评比例确实太高了。

真的被黑岩仁言中了。那么，我该如何将事实告诉横田呢，一直没有想到好的办法。

公司的经营情况进一步恶化了。

这天发生了一件事，让大家切身感受到公司经营状况有多么严峻。

之前，公司有一个惯例，每年召开一次公司全员大会。全国各地的员工都汇集到公司总部大讲堂，公司社长和首席财务官介绍这一年度公司取得的成绩以及下一年度公司的方针等。

公司的人都知道这个被称为"公司经营会议"的大会是非常重要的。从公司成立以来，每年都会召开一次。

但是，今年公司在召开全员大会的两周前突然通知调整成了视频会议。全体员工分别在各分店的电视屏幕上观看社

第 4 章 有取必有舍
——适合的就是最好的

长讲话。当然,理由就是减少开支。

今天就是会议召开的时间。我们集合到办公室里,透过屏幕聆听公司社长的讲话。身穿西装、一脸严肃的社长开口说:"正如大家所知,我们公司现在正处于一种非常困难的境地。因为受到外部大环境的影响,今年的销售业绩远远未达标。在最终利润方面,公司通过出售不动产的方式避免了赤字出现。但是,可以预想到,下一年将面临更严峻的形势。"

讲话内容都是意料之中的。

"正是在这个时候,更需要大家团结一致,发挥创造性。之前我们曾经多次渡过难关,希望这一次大家能够竭尽全力。整个团队要携手并进,积极进取,克服眼前的困难。"

和之前一样,社长将众所周知的内容传递给大家。

但是,今天我们办公室的氛围有些异样。与社长干脆明了的发言不同,叹息声此起彼伏。可能是大家觉得与社长隔着屏幕,不必拘谨,放眼望去,周围的人都在偷偷发着牢骚。

"团结一致?多少年前就这么说。能不能现实一点?"

"说来说去,公司还是没有什么应对的策略。"

"不给涨工资,还要削减经费。这让人怎么发挥创造力?"

这种氛围之下,每个人的心情郁闷起来。但是,对于一线员工的心态，我是能理解的。销售目标过高，而且即使完成了目标，也几乎没有什么奖励。每个人都很身心俱疲，公司中慢慢出现了推卸责任的氛围，甚至还出现了打击报复的情况。

屏幕里社长突然宣布要发起"公司改革项目"。发起这个项目的目的是要改变公司的经营状况。当然，项目本身没有什么问题，但是，问题是项目中加入了咨询专家。

此时，站在我旁边盯着屏幕看的横田突然颤抖了一下。

"这是到了最糟糕的情况了。"

"最糟糕？"

"青野，你知道吗？咱们公司之前也曾经进行过人事制度改革，聘请了咨询专家。但是，这就是最糟糕的。听说改革中引进了成果导向的评价机制，结果造成组织瓦解。最后，同事之间相互帮助的氛围消失了，谁碰到了困难，也没有人会去帮助他。只是这样的话，可能还好说，最糟糕的就是，根据上一次的经验，现在部长以上级别的领导都非常厌恶咨询专家。"

确实，办公室有个人死盯着屏幕，脸色明显出现了变化。

这个人就是部长，我们分部的本间部长。他眼下坐立不安的心情一目了然。

但是，屏幕里的社长看不到他的样子。社长接着说：

第4章　有取必有舍
——适合的就是最好的

"下面介绍一下负责指挥这个项目的咨询师。"

说完,社长好像对谁招了一下手,接着说:"请到这边来。这位就是项目负责人黑岩先生。"

我张口结舌,呆若木鸡。

出现在屏幕中的竟然是黑岩仁。万万没想到,黑岩仁竟然成为我们公司的项目负责人。

屏幕中的黑岩仁与平时明显不同,剃了胡须,穿着一身西装。此时,黑岩仁说道:"各位好!我是黑岩仁。之前,我曾经帮助很多公司化解了危机。在公司当前的情况下,最重要的是什么?那就是一线员工。所有问题的答案都在一线。所以,从下周开始,我会到各分店进行简单的访谈。是去全国所有的分店。到时,希望大家能够毫无顾忌地提出自己的意见。"

说到这里,黑岩仁深深鞠了一躬。与平时相比,他像是换了一个人似的,给人一种风度翩翩的绅士感觉。最后,社长强调说:"这件事,所有的权限都交给了黑岩负责人。再次强调,这是对我们公司来说最重要的项目,希望大家能够全力配合!"

电视会议结束后,分店里人心惶惶,很多人开始疑神疑鬼,担心自己会被炒鱿鱼,渴望能平稳上岸。特别是部长那个年纪的人中有很多都面色凝重,这可能就是过去留下的心理阴影。而且，如果要裁员的话，这些人被裁的可能性最大。

相反，那些年轻人，特别是优秀的年轻人则面露喜色。他们可能觉得，通过这次改革，公司有可能会出现一些对他们有利的喜人变化。

但是，这些人的希望被部长的一句话击得粉碎。

"咨询专家，咨询专家，不要被这样的人给钻了空子。我们应当保卫我们自己的城池。大家听好了！"

"咚"的一声，本间部长握紧拳头，狠狠敲了一下桌子。

一种不安的气氛弥漫在分店。沉默许久之后，好像感觉到部长对待这件事是认真的，一些惯于逢迎的人回答说："知道了！"

站在我旁边的横田睁大了眼睛，问我："黑岩？莫非就是你说的那个黑岩？"

我点了一下头，思绪回到了过去。

——你就是我的客户了。

我想起他让我上他车时说的话。怪不得他对我们公司的产品如此熟悉，作为咨询专家，他事前应当会去调查客户的情况。

"青野，有点事想和你说。"

"我也是，聊一聊吧？"

第4章 有取必有舍
——适合的就是最好的

Tanabe Technology 的事情必须要告诉横田了。于是，我们约定晚上在经常去的那家店见面。

"青野，能不能来和我一起工作？"

被他抢了先手。横田一边拨弄着土豆沙拉，继续说道："我决定了，跳槽去 Tanabe Technology。上周末，我和对方的董事长聊了一下，已经决定了。在那边，一定能够提升自己能力的。青野，一起过来吧，怎么样？"

不行。不知道说什么好。于是，我就装着大口喝姜汁啤酒。

"对于我来说，重要的不是做什么，而是和谁一起。青野，之前我也跟你说过，还是希望和你一起共事。"横田继续催促。

看来岔不开这个话题了，我只好尝试着引导话题的走向。

"相比会计，我觉得你是不是更适合做人事工作？"

"哈哈！确实是这样。我干会计这行已经无可救药了。怎么样，你去见过对方了吗？"

实际上，这个时候应当将事情的真相告诉他。虽然有些不知道怎么开口,但是,因为他是我的好朋友,必须对他说实话。

"是的,见过面了。谈得不错,给他们留下了很好的印象。"

"是吧!我也感觉过去后一定能够干得不错。董事长对我说一定要让我过去。"

为什么难以启齿?原因我是清楚的,就是自己没有信心,担心被横田所厌恶。很多人都会因为对方拒绝的反应感到恐惧,所以不能直言不讳,理由仅此而已。

"有一个事想问你一下。横田,你为什么认为 Tanabe Technology 这家公司不错呢?"

"首先就是公司的业务有发展前途。其次就是认可公司的管理层。"

看来不行。横田是一旦喜欢上一样东西,就绝不会轻易改变的那种类型。无论说什么,恐怕他都不会改变自己的初衷。

"但是,你真觉得那家公司的业务有发展前途?"

"刚才看你一副沉重的表情,原来是担心这个问题啊!因为是你的事情,所以我那样说。你看一看这个。"

说着,横田拿出了大国数据银行的财务分析报告。大国数据银行是日本国内最大的企业报表分析机构。很多人在与

第4章 有取必有舍
——适合的就是最好的

小企业交易的时候,都会把大国的报告作为参考资料。

报告上确实写着"稳健的财务基础"。

"你可能不了解财务的情况,能够获得60分是非常厉害的。按理说,这个规模是不可能获得这么高的分数的。这也就表示公司的财务状况是非常稳健的。"

"虽然如此,但就没问题了吗?这上面不是还写着'离职率非常高'吗?"

"啊?"横田马上露出一副吃惊的表情。

看到他表情的瞬间,我的心跳开始加快。

对我来说,说出这么一件小事也需要很大的勇气。我也很讨厌自己这种胆小的性格,但我不得不说。于是,我继续说道:"听说这是一家黑心企业,最近离职率很高,据说对人才也不重视,用完就抛弃的那种。"

"谁说的啊?"

"不是,不是谁说的,是网上的评论!"

这一刻空气仿佛凝固了。

但是,横田却很意外地表现得很冷静。

"是这样啊,我知道了。这种网上的评论,之前在董事长面试的时候,我也问过了。关于网上的评价,对方回答说是毫无根据的谣言,是一种诽谤。现在公司正在讨论采取法律手段应对。"

"但是，你不觉得这种传言的数量有点多吗？苍蝇不叮无缝的蛋。"

气氛似乎越发凝重。横田接着说："你究竟怎么了？是不想让我换工作吗？你不是喜欢说这种话的人啊。"

"我只是替你担心。"

"这不需要你来担心！关于这件事，我还是比你更清楚商业上的事。你一直都在干销售工作，对于会计的事情不清楚。"

我开始有点坐立不安了。他是瞧不起我从事的销售工作吗？公司的所有业务可都是建立在销售工作基础之上的。

"你怎么能这么说啊？横田，你一旦深陷进去就看不到周围的情况了，所以我才要提醒你。"

"深陷进去？我觉得你更像是被黑岩仁那家伙给洗脑了吧。我也曾经打听过对黑岩仁的评价。他就是一个杀人的刽子手。而且听说，最近破产的 Domestic Corporation 就与那家伙有关。这一次，当社长选择那家伙作为公司咨询专家的那一刻，基本上公司也就完了。"

"你说什么呀！关于黑岩仁的事，你什么也不知道。"

在这种压抑的氛围中，我们都陷入沉默。谁也没有去吃桌子上的土豆沙拉，气氛开始变冷。我一口喝光了杯中的姜汁啤酒。

第二天,横田提交了辞职信。听同事说,还有工作要交接,所以正式辞职是 3 个月后。终于,公司开始上演同事接连离开的一幕。

社招和校招的区别

第一次去黑岩仁办公室拜访,我内心很忐忑。

为什么会选择这家公司作为自己职业生涯的起点?

如果销售的商品没有价值,自己也没有积累经验,就连好朋友也失去了,那么工作究竟是为了什么?难道说工作是一件快乐的事情是一种歪理吗?

我反复思考这些问题,烦恼重重。我迈着沉重的步子,走上了台阶。

今天我是来给黑岩仁道歉的。因为我没有遵守与他的约定,偷偷去 Tanabe Technology 面试了。我深深吸了一口气,调整了一下情绪,推开门进入他的办公室。

我将横田的事情大致说了一下,听完后,黑岩仁说:"这样说的话,他将跳槽到 Tanabe Technology 吗?"

"是的。上次您不是不推荐那家公司吗?"

"我不推荐 Tanabe Technology 不仅仅是因为其在劳动环境方面存在问题。不推荐的理由主要有两个。一是 Tanabe Technology 不适合社招人员,更适合应届生。另外一个理由就是会计部门很难升迁。你朋友是做会计工作的吧？"

"是的。"

"在确定换工作的标准，进入选择具体跳槽目标的阶段，有两点一定要弄清楚。第一点就是公司内是否存在重视社招的氛围；第二点是自己的岗位是否与公司的优势方向一致。"

"首先，在第一点上，公司一般都会在社招员工和应届生员工之间找到一个很好的平衡点。但是，有些公司重视社招，有些公司侧重于应届生招聘。在第二点上，社招员工发挥才能的舞台非常有限。那么，我们分析一下 Tanabe Technology 的管理层，可以看出，除了创业团队之外，全部都是大学毕业后就在此工作的人。"

听到这里，我想起 Tanabe Technology 公司网页上有这么一句话：**除了外部董事长之外，其余的 8 名公司董事中，有 7 人都是大学毕业后进入 Tanabe Technology 的。**

"如果换工作后不能升迁的话，那么就需要看清楚这些社招员工是否有发挥才能的舞台。那些成立年限较短的公司是例外，但是对于已经成立 10～15 年及以上的公司，应当了解一下通过社招成长为公司董事人员的比例。这样才能更容易获得升迁的机会。"

但是，横田却没有从这个视角去分析过公司。黑岩仁继续说道："至于第二点，自己的岗位是否与公司的优势方向

第 4 章 有取必有舍
——适合的就是最好的

一致这个问题，主要看你自己想获得多少决定权。如果想获得充足决定权，就需要分析一下公司的优势方向是否和自己所在岗位一致。每家公司都有作为优势领域的"引擎"，要弄清楚最有权的部门和组织是哪个。很多情况下，销售、研发、市场营销、新产品或项目一般都是建立在这个引擎基础之上的。至于 Tanabe Technology，其优势就在于营销部门。"

"确实，我有也这种感觉。"

"如果公司引擎能够与自己的岗位一致，那么自己就更容易获得决定权。比如，在营销方面有优势的公司，如果能够成为营销部门负责人，那么在公司内基本上就可以呼风唤雨。相反，优势在研发部门的公司，研发部门负责人的决定权就会很大。"

"但是，该如何判断呢？"

"有两种方法。一种方法就是实际接触一下公司的商品和服务，试用一下，记录下产品好在什么地方。一家在某些方面有优势的公司，一般都会反映在服务或商品之上。比如，都是电子商务网站，有的公司优势在于物流发达，有的是货物品种丰富，有的是价格和推广。那么，物流发达的公司其优势主要集中在研发和管理部门，货物品种丰富公司的优势主要集中在涉外和店铺建设部门，而价格和推广比较强的公司其优势主要集中在市场营销和广告宣传部门。"

"但是，假如 Tanabe Technology 是一家 B2B 企业，我想实际接触一下，但是无处下手啊。"

"这种情况下，还有另外一个方法，那就是调查一下管理层主要人员的背景。越是大的企业，越要关注哪些部门的人更容易升迁。如果是风险企业的话，要看管理层主要是来自哪些企业，这种人员比例一般都会与公司的引擎对应起来。"

在选择企业的时候，需要确认几点内容：**是否存在让社招人员发挥才能的企业文化**，为此，要确认一下董事是否都是大学毕业后一直在公司工作的人；**自己的岗位是否与公司的优势（引擎）保持一致**，为此，要亲自接触一下跳槽目标公司的商品与服务，记录下这些商品与服务有什么好的地方。如果是 B2B 的公司，那么就调查一下公司管理层和主要人员的背景（这些人之前在什么公司以及部门）。

"关于公司的选择讲得差不多了，下面就具体看一下招聘的情况。在此之前，你还有什么想问的吗？"

"有！与其说是问题，不如说是想向您表达一种歉意。"
于是，我将自己面试过两家公司的情况告诉了黑岩仁。
"非常抱歉！"我再次强调。

"嗯，相信你一定是在朋友的劝说下才去面试的吧？这

第4章 有取必有舍
——适合的就是最好的

件事本身是不能原谅的,不过事情已经发生,我也不说什么了。但是,希望你能够记住,你知道我为什么不让你去找求职中介吗?"

"首先,我还没有掌握思维方式。另外,一旦与求职中介接触,那么就会确定相应的费用,也就是商业模式上的问题。"

"也有这种原因。但是,主要的原因是通过求职中介存在一定的风险。"

"风险?"

"在考虑换工作的时候,有很多种方法。每种方法都有各自的优点和缺点:**猎头公司、求职中介、直接招聘、社交网络推荐、直接应聘或朋友介绍。**"

"对于那些还没有求职经验的人来说,这几种方式看起来都是一样的。但是,从雇主角度看的话,则会有很大的不同。首先就是成本的区别。上述几种方式,从前到后,所花费的成本越来越少。猎头公司是招聘中人均单价最高的方式,而直接应聘或朋友介绍则成本最低。比如,要招聘一个年收入1 000万日元的员工,如果是通过求职中介招聘的话,那么应当给中介支付300万日元左右的中介费;如果是直接应聘的话,则成本为零。也就是说,这两种方式之间存在300万日元的差距。清楚了吗?而这仅仅是招聘一个员工。"

"原来如此。没想到有这么大的区别。"

"假设你是招聘负责人,如果不同招聘方式的费用存在差异的话,是不是会采用不同的招聘方式?对于那些不需要特别关注,但是也有人会主动上门应聘的岗位,一般不会使用猎头方式或求职中介,因为这些岗位不需要花费成本就能招到人。此时,一般会使用直接招聘或社交网络推荐的方式。如果普通的招聘方式难以招聘到理想的员工,对于这些特殊的岗位或者重要的职位,一般使用猎头方式或求职中介。因为这些岗位需要的人在他们现在的公司已经发展得很不错,他们原本不会进入跳槽市场。或者,听了朋友的介绍才决定跳槽到更好的公司。这种情况属于'有针对性,但是招聘难度很大'。"

招聘费用或目的存在差别,对于这些事情,自己之前没有想过。如果从商业模式角度看,感觉黑岩仁说的是对的。

"我想表达的意思就是,不能将跳槽目标仅仅局限在求职中介介绍的企业。因为求职中介介绍的企业中可能不包括真正对你有吸引力的工作。如果你能够弄清楚自己想去什么样的公司,那么就应当利用各种手段去主动寻找工作。绝对不能忽视社交网络、直接应聘或者自行检索招聘信息这些手段。你明白了吗?"

"明白了。"

于是,我在笔记本上记下:**招聘的渠道有很多种,企业会根据自己的需求使用不同的渠道**;不能将跳槽目标仅仅局限在求职中介介绍的企业,可以考虑直接应聘或者朋友介绍等其他手段。

"我还有一个问题想问你,"黑岩仁直视着我,说道,"你想做什么工作?"

第 5 章

"后悔跳槽"是消极的借口

—— 别被惯性驱使

没有选择余地的时候，人们就开始撒谎

我想做什么工作呢？对于黑岩仁的这个问题，一个多月来我几乎每天都在问自己。于是，我马上回答："说实话，现在我也不清楚自己想做什么。但是，我逐渐懂得您之前讲过话的含义了。我现在想要的就是能够保障自己在职场生存下去的能力。"

"哦！"

"这一个月当中，我在工作和生活中，看到了很多人性恶的部分。其中不仅有其他人表现出的，也包括自己软弱的一面。所以，我深切感受到能够自食其力的重要性。"

"原来如此。但是，有一点不要忘了。其实你并不是软弱，只是没有选择的余地。"

"选择的余地？"

"我跟你讲一个之前我遇到过的年轻人的故事。他也曾经像你一样找不到工作的价值。但是，面对这种现状，他没有采取任何行动。这是为什么呢？因为他认为除了当时就职的公司之外，没有可以去的地方。在痛苦的折磨下，终于有一

天他在西装口袋中塞进了一封辞职信。他原本打算将辞职信递交给上级,但是到最后,却没能交出去。"

"为什么呢?"

"当天,他在人生中第一次对那位不讲理的上级说了'不',因为他有一个其他的选择余地,那就是'辞职'。这也是我希望你掌握换工作的思维方式的原因。如果能够掌握换工作的思维方式,那么你也并不是一定要离开现在的公司。每个人的人生都没有一个标准的答案。但是,如果陷入'不能辞职'的思维定式,且不能自拔的时候,那么任何人都会对自己撒一个小谎。"

我静静地听着。

"你不要理解错了。不要想着随时都可以辞职,用这种半途而废的想法去面对上级。应当在拥有可选择余地的基础上,能够站在一种平等的立场上去面对对方。无论是面对公司,还是面对朋友,都是一样。当你失去可选择余地的那一刻,工作回旋的余地就会越来越窄。所以,你要获得自食其力的能力。而自信也正是由此产生的。"

"明白了!"

黑岩仁继续说道:"'后悔换工作了',这种想法只是那些放弃了已经获得的新选择余地的人发明的一种托词。每个人都有选择自己想去的地方的权利。无论对个人而言,还是

第 5 章 "后悔跳槽"是消极的借口
——别被惯性驱使

对社会来说，跳槽都是一种'善'的表现。"

说到这里，黑岩仁缓缓站起身来。

"现在对于你来说，是一个换工作的好时机。关于具体的'选择余地'，现在到了开始谈论这个问题的时候。"

那天，我难得轻松地漫步在夜晚的大街上。

"到时间了啊！"

第一次考虑跳槽的时候，我内心充满了不安。如果辞职了，处境是否真的会变好？还有其他办法继续留在现在的公司吗？这种不安的情绪占据了大脑。

这一天终于到来了，我也做好了心理准备。皮鞋踏在水泥大街上，发出咔嚓咔嚓的声音，我脑海中回顾着自己的职业生涯。

为什么自己能够在现在的公司工作十年之久？

是什么支撑我走到现在？

我能够想到的答案，就是那些曾经帮助过我的人。在新人见面会上，第一次与一起进入公司的同事见面，当时心里想着，这些人无论是在学历上还是个人能力上都比我优秀。当第一次经历工作的失败，上级对我发火的时候，我也曾经产生过自己能否把工作做好的担忧。

无论发生什么事,自己能够工作到现在,都是因为有这些伙伴。曾经帮助过我的前辈、一起进入公司的同事,以及后面入职的后辈们,我要离开公司并不是因为对这些厌弃了,而是想让自己的人生活出精彩。想到这里,我决定在最后的时刻,自己应当报答一下公司,那就是协助黑岩仁的项目取得成功。

突然有这种想法,自己也觉得不可思议,但是,一旦下定了决心,思维就会朝着前方发展。对于现在已经拥有选择余地的我来说,感觉自己应该能帮得上忙。此时,我内心涌现出少许久违的干劲。

第二周,黑岩仁终于来到了我们分店。他将会在这里待一周的时间。黑岩仁向所有人说明了此次项目的目标。

"大家好,我是黑岩仁。正如大家所知,现在公司正处于困难时期。为了摆脱这种境况,将实施三个措施。第一条措施就是削减销售部门的规模,同时新设客户服务部门。第二条措施就是废除论资排辈的制度。第三条措施就是提拔IT服务部门的年轻人。"

听到这里,公司内部开始议论起来。特别是第一条涉及的敏感问题。

我旁边的一位同事开始嘟囔道:"那也就是说要裁掉销

第 5 章 "后悔跳槽"是消极的借口
——别被惯性驱使

售人员了？"

黑岩仁马上回答说："请大家放心。首先，这一次不会裁掉任何人，但是会重新进行人员的岗位配置。具体来说就是，将现有销售部门的人数减少一半，同时新设立客户服务部门，将销售部门一半的人安排到客户服务部门。我这次过来跟大家座谈，就是要确定更换岗位人员的名单。"

这时候，本间部长不再保持沉默，因为销售部门是由他负责的。本间部长说："黑岩先生，缩小销售部门是真的吗？那么，现有项目的客户怎么办？"

"正好打算今天晚上就在公司内公布现有业务的工作方针。产品 A 中的所有商品都会卖给其他公司。这样的话，就没什么问题了。"

"什么？您在说什么？"

"产品 A 打包卖给其他公司。这样的话，现有的销售部门中一半的人不久之后就会负责客户支持和其他产品的销售工作。"

"您不要开玩笑了！"

"我不是在开玩笑。产品 A 在市场上已经没有竞争力了。竞争对手的产品在质量上远远好过我们的产品，而且价格更低。最近的一年，在合同到期之后，我们的客户流失率为30%，这些客户都变成了竞争对手的客户。产品的市场份额下降很快。如果现在卖的话，这块业务还能卖个好价钱。"

"不是这个问题。黑岩先生，这个产品是我们公司的灵魂。而且，社长也不会同意你的做法的。"

"相反，这是社长自己决定的。对于他来说，产品 A 就如同自己的孩子。这个产品从公司成立之日起就已经存在。恐怕他自己之前也很难作出这样的决定。所以，他让我去作出决定。也就是说，这个项目就是建立在卖掉产品 A 的基础之上。"

"不可能，这绝对不可能。"

之前一直装出一副冷静面孔的本间部长突然提高了嗓门，继续说道："社长已经下定决心要保护这家公司以及所有同仁。如果现在卖了的话，公司暂时可能没事，但是一年之后，一切都太迟了。希望您能理解。"

黑岩仁说的话有一定的道理。

同时，我也能够理解部长急迫的心情。产品 A 的销售额占到了公司总销售额的 40%，是公司的主要业务。本间部长就是靠着这一产品爬到现在的位置。也就是说，如果卖掉的话，那么相当于给他下了一封"降级通知"。

黑岩仁继续说道："本间部长，下面能不能让我和一线的员工直接交流一下？"

黑岩仁这种冷静的态度，更是刺激了本间部长。本间部

第5章 "后悔跳槽"是消极的借口
——别被惯性驱使

长显然在强压心中的愤怒。黑岩仁接着说:"有没有分店员工的名单?人事那边应当提前发布通知了吧!"

对此,本间部长没有作出任何回应。一种令人窒息的紧张氛围迷漫在公司。也许是察觉到了这种气氛,上山慌忙拿出了资料。黑岩仁接过名单之后,接着说:"谢谢。谈话的内容可能比较敏感,我会在房间内单独和每一位员工谈话。这样安排可以吧?"

本间部长无力地回答说:"好的。"

这种谈话应当是在本间部长预想之内的。两周之前,本间部长几乎每天都告诉大家不要说任何事情。如果说了对分店不利的话,那么就会有相应的措施。实际上,我们是被封口了。

看了一下上山递过来的名单后,黑岩仁的手停在了半空中。

"这是所有员工的名单吗?"

"应当是的。"上山有些不爽地回答说。

"那就奇怪了,之前听人事部门说有50人,现在怎么只有47人。还有3个人呢?比如,站在那里的那位,你叫什么名字?"

黑岩仁突然指向了我。我吃了一惊。因为我和黑岩仁约定在公司内要装作不认识。

"我叫青野彻。"

"奇怪啊，青野你的名字没在这个名单中啊。本间部长，这个真的是全体人员的名单吗？我之前应当说过，名单里应该也包括那些计划离职的人啊！"

上山偷偷看了一下本间部长。通过两人的所作所为，我估计他们应当是害怕我说出什么对公司不利的话，所以故意将计划离职人员从名单中删除了。

本间部长回答说："您说的意思，我知道。删掉这些人是我个人的主张，因为跳槽的人就是叛徒。这一次的改革是为了公司的未来，也就是说，是为了那些愿意继续留在这里的人，不是为了那些想离开的人。所以，我觉得没有必要和这些人谈话。"

黑岩仁明显有些不高兴了。

"本间部长，决定这些事情的不应当是你，而是我。如果这样的话，我觉得我们两个人有必要好好聊一聊。事后，咱们两个人聊聊吧！"

"好的。"

"当然，现在聊也是可以的。"

"当然可以！"

所有人都感觉到一种不同寻常的气氛。在这种剑拔弩张的氛围中，会议结束了。

第 5 章 "后悔跳槽"是消极的借口
——别被惯性驱使

▎"对于公司来说正确的事"是什么 ▎

在收拾桌子的时候,我一直在想一些问题。

现在这种情况明显是有问题的。无论黑岩仁还是本间部长,他们想守护这家公司的心情应当是一样的。但是,为什么会变成这样呢?我自己能够做些什么呢?

抬头回顾,我看到了横田的身影。从上次之后,我们俩一直没有说过话。不过,横田应当能够想到问题的答案。于是,我走到他面前。

"之前的事,对不起了。"我直截了当地向他道歉。

横田沉默了一会儿说:"没事。"

说完后,横田有些难为情地继续说道:"是我说得太过分了。"

我们的想法是一样的。不知道是谁说过,基本上所有的争吵都只是道歉先后的问题。可能真的是这样吧。横田继续说:"话说回来,黑岩仁和本间部长之间好像要出问题了。不会很严重吧?"

"确实如此。看到刚才的一幕,我一直在思考究竟该如何通过一种平稳的方式重振公司。但是,我想不到答案。所以,希望横田你帮着出出主意。"

"这个我不能答应。事情已经发展到了这一步,无论是你还是我,都是马上要辞职的人了。"

"但是,这也是培养了我们的公司啊。"

"你真是与众不同。"

"我一定不会给横田你带来麻烦的。请帮帮我。留在公司的时间不多了,我还是想做些什么。"

横田一副吃惊的表情。片刻后他接着说:"我知道了。你有什么具体的措施吗?"

"完全没有。正如横田你所言,我对会计的事情一无所知,不善于处理有关数字的东西,不知道造成公司当前局面的原因是什么。所以,想请你帮忙。我想问一下你,你认为咱们公司的问题出在什么地方。"

"知道了。那我就告诉你,这家公司万恶的根源就在销售部门。但是,不是指产品,而是管理。"

"管理?"

"这可能是非常不好的话,我们公司可能有人做一些违规的事情。具体来说,就是销售额造假。为了完成任务,有人虚报、夸大销售数据。而且,他们是定期这么做的。"

"这不可能啊。销售额都可以通过债权管理系统查询到资金进账情况。如果是虚报销售额,那么就不会有资金入账,马上就能查出来啊。"

"正是如此。一般情况下是能够查出来的。但是,现在为什么没有查出来呢?只有三种可能:销售和系统部串通、销售和财会部门串通或者是销售部门上层做的手脚。但是，从系统部门和财会部门来说，这样做没有什么好处。"

"难道是……？"

"就是这样。根据我的推测，就是第三种，销售部门的领导，具体就是指本间部长，他非常可疑。如果是他的话，能够控制债权和资金入账。除了董事之外，他是唯一能够查看所有销售数据的人。"

按照横田的说法，那么无论是公司倒闭的可能性，还是虚造销售数据的影响都是很大的。销售额实际上没有增加，却根据虚造的数据编制了支出预算，那么结果就是造成现金流的恶化。

横田继续说："如果销售额不断扩大的话，这种事还是能应付过去的。入账资金不足的部分可以通过下个月的销售额进行弥补。但是，这几年公司的业绩一直不好，实际销售额也开始下降了吧？这样的话，这种寅吃卯粮的做法就行不通了。"

"知道了。但是，你有证据吗？"

"没有。仅仅是一种猜测。但是，有一种方法可以证明。如果登录会计部系统的话，就能够查看详细的债权数据。利用这些数据应当可以证明。"

"如果这样可行的话，就试试这个办法吧。"

"喂！你是认真的？如果最后发现真的是本间部长的话，

事情就严重了。销售部门很可能因此而直接瓦解。"

"但是，这是对公司有利的啊！"

横田叹了一口气，连说"好的好的"。于是，我们决定在公司没有人的深夜过来查看。

星期四的晚上，在人已经走光的办公室里，闪烁着一缕微弱的光线，敲击键盘的声音回荡在房间内。

我和横田两人查看着会计系统。在这种环境下，感觉好像在做一些见不得人的事，有一种心脏剧烈收缩的感觉。

"找到了！就是这个。金额竟然有3亿日元。"

横田说完后，我问他："3亿日元！真的是难以想象。这笔销售业务的负责人是谁？"

"负责人果然是本间部长。看看这里，肯定没错吧？"

系统上面显示的销售负责人是本间部长。我说："本间部长很少直接做销售业务。所以，就连一线的我都不知道。"

"原来是这样啊。你过来看，虚造的交易客户基本上都是现在上山负责的，说不定是他们两人串通好的。"

"原来如此。"

"所以，本间部长不能开除上山。这样看的话，之前他

第 5 章 "后悔跳槽"是消极的借口
——别被惯性驱使

们的种种行为都能解释通了。"

"知道了。这种状态下,公司不可能平稳发展。如果这是真的,必须马上制止这种行为。"

"可能是吧!最早开始虚造销售数据是在三年之前,那个时候正是本间部长要升迁的关头。当时,他不是还有另外一个竞争对手吗?可能是为了在竞争中获胜,本间部长才这么做的。"

"原来如此,这个页面能打印吗?"

"当然可以。"

打印机的声音响了起来。有了这个打印件作为证据,就能好好聊一聊了。

"啪!"外面传来了关门的声音。回头看过去,黑暗中有一个人影。这么晚了,能是谁呢?

"青野,你在干什么?"一个带着酒意、舌头打卷的声音传来,"还有,会计部门的横田。你们两个人这么晚偷偷摸摸在干什么?"

上山!真是越不想见到的人越容易碰到。看着他衣冠不整醉醺醺的样子,就知道是刚刚接待完客户,连脚步也有些踉跄。

"没什么,查一些东西。"横田马上回答。

"给我看看屏幕画面。"

"不能给你看,这是会计的一些数据。"

"是吗?"

办公室突然安静了下来。

此时,传来打印机工作的声音。上山走近打印机,拿起了打印好的材料。

"本间部长销售一览……这是什么啊?"

"这是明天会议上要用的资料。怕忘了,所以提前准备一下。"横田颇为镇定地答道。

"这么晚了,而且还是两个将要辞职的人聚在一起,我嗅到了一种奇怪的气味。"

这下麻烦了,如果本间部长和上山合谋的话,那么,上山一定会将这件事告诉本间部长。事不宜迟,我必须尽快将这个情况告诉黑岩仁。

现在是夜里零点,我也不知道黑岩仁的电话,只能等明天一早告诉他了。上山拿着打印的材料说:"这是公司的机密材料,如果不销毁的话,不知道会被什么人带出公司。"

第二天早上,我比平时早一个小时来到了公司。我想说不定黑岩仁也会早到公司。横田说要和我一起去,但我不想

第 5 章 "后悔跳槽"是消极的借口
——别被惯性驱使

将他卷进来,所以拒绝了。

正如我预想的那样,黑岩仁出现在了办公室。

"黑岩先生,我有话想跟您说。"

"什么事。青野啊,不是告诉过你不要在办公室和我说话吗?"

"不是,是工作上的事。这事不能在这里说,能够单独和您说一说么?"

穿过走廊,正要带着黑岩仁去会议室的时候,我不得不停住脚步,因为我看到本间部长出现在眼前。本间部长用一种平静的语气说:"青野,来得正好。有一件紧急的事情,我要和你确认一下。"

"抱歉,我现在要和黑岩先生谈些事情。"

"不行,我这边的事是一个非常重要的客户的投诉,一刻都不能等。你那边的事情这么着急吗?黑岩先生,有什么问题吗?"

"我这边没什么问题。"

"青野,那你来一下部长办公室。现在,马上!"

此时,我也没有了继续拒绝的理由。

进入办公室后,本间部长坐在沙发上,问道:"你之前在调查什么?我指昨天晚上。我作为公司的负责人,需要排除公司的风险。所以,请你实话告诉我。"

果然，他是听上山说了昨天晚上的事情。于是，我直接回答说："我在调查虚造销售数据的事。"

"虚造销售数据？"

"是的。是关于产品A，我发现这里面可能存在销售数据造假。而且这种行为可能已经对公司的经营产生了影响。"

"那能不能详细给我说一下？"

"具体情况还不清楚。但是，本间部长，您之前曾经当过销售负责人，我觉得你还是将这件事告诉黑岩先生比较稳妥。"

"是吗？这件事只有你一个人知道吗？"

"是的，只有我自己知道。"

"不要撒谎了。我听说昨天晚上会计部门的横田也和你在一起。别想糊弄我。"

"不是的，这件事与横田没有关系，是我一个人在调查。"

"青野，希望你能够明白，公司之所以能存活到现在是谁的功劳？现在公司销售额的四成都是靠着产品A，这其中又有很多是我开拓的客户。那么，你明白你现在在做什么了吗？"

"我知道。但是，我觉得现在到了必须有所改变的时候了。"

"你还是不明白。"

"为什么这么说？"我不解地问道，"本间部长是为了什

第 5 章 "后悔跳槽"是消极的借口
——别被惯性驱使

么坚持工作到现在?"

"什么?为了什么?"

"在我还是新员工的时候,本间部长一直是我崇拜的对象,您工作能力出众,曾经吸引了很多年轻人。但是,不知从何时起,您变了。所以,我想问一下本间部长。"

"你是白痴吗?当然是为了这家公司,是为了团队中50名员工。这是我的领地,不会让给任何人。"

我也没什么想说的了,沉默地看着他。本间部长看到我好像没有改变态度的想法,就深吸了一口气,态度骤变,用一副沉着的口气对我说:"青野,你应该明白你在做什么,这样对你没好处。那么,你能在下午的进度报告会议上说一下这个事吗?我到时候会解释说明的。我需要做一些准备,你清楚了吗?"

"是的,当然。"

把公司当作救命稻草,手段难免成为目的

下午的进度报告会议,分店的所有员工都出席了,所有的董事也都出席了。

相关进展情况讨论结束后,本间部长说:"黑岩负责人,我有一件事想向您汇报一下。实际上,自从公司成立改革项目以来,销售部门也对自身管理工作进行了检查。最后,我

们发现可能存在虚造销售数据的情况。具体来说，是关于产品 A 的主要客户。"

没想到，他自己竟然说了出来！对此，我真的难以理解，他想干什么？

会议室一片安静，黑岩仁静静地听着。本间部长继续说："虚造的金额大约为 3 亿日元，由于势态紧急，所以请会计部门的人现在开始调查一下这件事的负责人。"

说完后，本间部长逐个介绍了虚造收入的案件。这时，发生了一件奇怪的事情。昨天晚上之前，所有的虚造交易收入负责人都是本间部长。但是，现在按部长的说法，全部变成了上山。听到这里，上山张开口"哎"了一声，一副吃惊的样子。

"我没有做这些事。一定是弄错了！"上山看着本间部长，面色通红。

本间部长回道："上山，你说的是真的吗？"

"不管是不是真的，部长，这里面一定有什么误会。"

"没关系。这一切都是我管理不严的责任。"

数据被篡改了，负责人变成了上山，虚造的金额为 3 亿日元。黑岩仁加重语气说："奇怪了，这么大规模的不良债权，是一个人能隐瞒的吗？虽说这个公司的管理很弱，但是，不可能一个销售人员就能虚造这么大金额吧。关于这件

第 5 章 "后悔跳槽"是消极的借口
——别被惯性驱使

事,还有人知道具体的情况吗?"

没有人回答。当然,这主要是因为这些人都不知道具体的情况。知道这件事的只有本间部长、上山、我和横田。

我难以抑制震惊之情,迅速举起手。这次,我能感觉到本间部长那种带有杀气的眼光。

"这件事恐怕不是上山做的。"

公司又重新安静了下来。黑岩仁问道:"是吗?你知道具体情况?"

"是的,我亲自确认过,没有错。昨天晚上,系统中显示的负责人是本间部长。今天早上不知道是谁篡改了负责人。但是,不管怎么说,造假者不是上山。"

"有什么证据吗?"

"没有!"

昨天晚上打印的材料被销毁了,而且系统里的数据也被篡改了。我没有其他办法去证明。空气开始凝结。本间部长则露出一副胜券在握的表情。黑岩仁平静地看着我。

"首先谢谢你有勇气说出来。其他人有知道的吗?会计部门的人知道吗?如此规模的虚造收入事件,一定有人知道具体情况。"

会计部门的负责人回答说:"我不清楚这个事。"此时,横田垂下了双眼。我继续说道:"恐怕只有我自己知道。"

"这怎么可能？你是销售部门的人。你是怎么调查刚才说的数据的？以你的权限不可能查看部长的数据。"

"这……"

确实说不通。但是，我不想把横田卷进来。横田继续保持沉默，黑岩仁也仍然不愿意妥协。

"是这样吗？没有其他人知道吗？这就是不正当的行为。如果故意隐瞒的话，很可能受到惩罚。而且，社长也会知道这件事。我们做事首先要诚实。我再问一遍，真的没有人知道这件事吗？"

沉默依旧。此时，黑岩仁站起身来。

"请大家不要理解错了。我不是大家的敌人，我真心想让公司变好，让公司有所改变。所以，我首先必须知道真实的情况。但是，这个分店很奇怪，没有人愿意说真话，很明显是被别人下了封口令了。请大家将事情的真实情况告诉我。"

说到这里，黑岩仁面向大家深深地鞠了一躬。

"请帮助我！"

他的姿势大约持续了10秒钟。

黑岩仁竟然给大家鞠躬！年轻的员工开始动摇。每个人都希望公司变好，这是理所当然的。

如果一个组织不能给大家提供心理安全感的话，就不可能有人站出来。他们感到害怕,如果被本间部长盯上,那么不仅难以获得晋升,而且可能会被发配到分公司,这一点每个人都清楚。所以,没有人举手。估计本间部长已经预想到了这种情况。

但是,看到这种情况,有一个人比我更坐不住了。

"我!"横田举起手来。

没想到他竟然敢公开反对本间部长。

横田接着说:"这个事情我也知道。实际上,一个月之前,当时我在会计部调查资金流向,为了确保公司有足够的运营资金。正如您所知,现在公司处于困难的时期。但是,在这个过程中,我发现公司存在不良债权的可能性。具体来说就是虚造收入,给销售收入注水。结果,这种行为给公司的经营造成了致命的打击。我认为这件事是本间部长做的。"

"原来如此。这件事确定无疑吗?"

"是的。"

此时,本间部长怒不可遏地大声喊道:"你这个叛徒,在胡说什么!你想让公司倒闭吗?"

黑岩仁继续安静地坐在座位上,对本间部长说:"本间部长,请你适可而止。如果这件事是真的,那你才是公司的罪人。"

"这位咨询专家,你倒是优哉游哉。这件事结束后,你是可以安全着陆到自己的岛屿。但是,我们不一样。我们工作在这里,在这里获得收入,只能生活在这里。只有这个岛屿才是我们的居所,你明白吗?"

"本间部长,你现在还看不清现实。你现在的公司马上就要倒闭了,你所谓的岛屿也将随之消失。这种情况下,只有两个选项,要么大家一起死去,要么涅槃重生。"

"倒闭?不可能发生这种荒谬的事情。这是假的!"

黑岩仁叹了一口气,用投影给大家展示了分析报告。分析报告显示,公司只能再坚持两年,两年后就会倒闭。

本间部长的眼中只有过去的荣耀,却看不到现实,他不愿意接受这种现实。他已经没有了辩解之词,只能愤怒地吼叫:"喂!你们这些人,怎么想的?是不是打算把命运交给这个所谓的咨询专家?"

没有人回答,大家都垂下了目光。

"怎么样?看到了吧!"

此时,打破沉默的是一名女性员工。

"我觉得公司应当进行改革……"

"什么,你说什么?"本间部长声音中透着慌张。

下一个发言的是一个新员工。

"我也是这么认为的。如果能改变的话,我希望去改变。"

"闭嘴!你这个无知的新人!!"本间部长开始怒不可遏。

第5章 "后悔跳槽"是消极的借口
——别被惯性驱使

那位新员工身体轻微发颤,他明显感觉到了害怕。但是,黑岩仁一直盯着他的眼睛。

"求职的时候,说实话,我曾经认为工作是一件充满希望的事情。但是,现实却让人感到失望。每年想着去销售一些不知道为谁存在的产品,如果卖不出去的话,就会被斥责。当自己习惯了这种令人厌恶的工作,开始期待周末的到来。难道现实就是这样的吗?但是,如果能改变的话,我希望去改变。正如黑岩先生所说,这家公司还有正确和有价值的产品。我想赌一把。"我镇定地说。

希望没有消失。这家公司还有改变的余地。

黑岩仁对我说:"谢谢!"然后继续强调道:"本间部长,你犯了两个错误。第一个错误就是将手段看作一种目的,99%的问题都是因为将手段看成一种目的而产生的。公司的存在并不是为了保住你的职位。第二个错误就是你尝试去控制一些自己控制不了的事情。年轻人的才能是任何人都控制不了的。你的作用就是为手下发挥自己的才能提供好的环境。你只知道恐怖政治,而忽视这方面的努力。本间部长,我一定会好好调查一下这件事,并将事情告诉社长。"

本间部长浑身震颤,开始做最后的反抗。

"上山,你怎么认为?"

"我……我……我只是做了别人让我做的事。本间部长告诉我把以前的债券数据和入账资金关联起来。我有当时的录音。"

在分出胜负的一瞬间,黑岩仁最后说道:"用排除法后能够留在这家公司的人,不会有好的工作。"

对本间部长的处罚很快下来了,他被连降两级。

你并非不可或缺

——如何获得他人支持

第 **6** 章

跳槽的最后阶段,难免犹豫不决

时间飞逝,转眼间,三周时间过去了。为了换工作的事情,时隔好久,我再次来到黑岩仁的办公室。

出来迎接我的是黑岩仁的秘书赤神亚里沙。进入楼里之后,我们在通往黑岩仁办公室的走廊里聊了一会儿。

"你好久没来了,公司那边一切都顺利吗?"

"是的,在黑岩先生的帮助下,公司逐步走上了正轨。所以,我才能腾出时间来重新思考一下自己换工作的事。"

赤神亚里沙笑着点点头。说起来,最近忙于公司的事,再加上换工作的事,与她已经好久没见了。一边想着这些事,我被带进了黑岩仁的办公室。

我向黑岩仁介绍了最近换工作的事,并向他请教最近面临的新烦恼。

我告诉黑岩仁,新的烦恼就是自己产生了一种"留在现在的公司也不错"的想法。

"实际上,现在我也很迷茫,感觉可以选择继续留在现在的公司。经过这次改革,公司逐渐出现了一些变化。年轻的员工在工作上变得更加积极，公司的风气也好了起来。在这样的情况下，我感觉继续留在现在的公司也是一个很不错的选择。黑岩先生，您怎么看？"

"结论很简单，不行！通过与一些有跳槽想法的人交流，我发现很多人都会在换工作的最后一刻变得犹豫不决。特别是，当告诉公司的人自己想跳槽的事情后，有人会替你分析你将要去的公司的岗位情况，有人会挽留你。但是，不要被这些所迷惑。因为现在的公司面临的困难可能才刚刚开始显露，问题并没有从根本上得到解决。"

"所以，我才犹豫不决。本间部长被降级之后，公司内一些比我年轻的员工都很努力，尝试着去改变公司。我感觉和这些人一起努力也是一种非常有意思的体验。"

"你不要朝三暮四。你在那里有过那种经历，现在还想在那样的公司工作吗？"

"是的！"

"但是，我觉得你还是换一家公司比较好。你要知道，换工作进入最后关头的时候，你会听到各种意见。此时，任何人都会产生迷茫，这是很正常的事。但是，此时你应当记住你最初的目的是什么。你想跳槽的初衷是什么？"

"初衷就是自己能够掌握自力更生的能力。这样一来，不需要依靠组织，自己也能存活下去。"

"是这样吗？现在这家公司能够帮助你实现这种目的吗？对于这个问题，你要仔细想好。确实，经过这次改革，公司逐渐走上了正轨，公司的寿命得到延长。但是，这与你能否提升自己的市场价值是两码事。你如果继续待在现在的公司，你的市场价值就不会得到提升。因此，从目的的角度考虑，你还是应当换一份工作。"

"这样啊，但是，我的心情……"

"你在这次公司改革中发现了什么？你会发现人类和公司本质是很难改变的。一家有几十年寿命的公司，其历史可谓长久，但是，在这个过程中，改革的时间最多也就是几年。而且，这一次，你应当也发现了，那就是市场价值和公司待遇在实际上并不是一致的。上山和本间部长的问题之一，就在于他们所获得的报酬远远高于他们自身的市场价值。"

"获得的报酬远远高于市场价值？"

"是的。在换工作的时候，人们最在意的还是工资待遇问题。但是，如果你感觉到犹豫不决，那么就会积累未来的市场价值。在考虑换工作的时候，是选择工资待遇高的成熟企业，还是选择现在工资待遇不高，但是投身其中自己的市场价值可能会得到提升的公司，这个时候可能会面临选择的烦恼。但是，如果现在因为看中高报酬而选择进入一家成熟的企业,却不能提升自身的市场价值,那么就会遇到像本间部长那样的人,被其打压,或者被降低工资待遇。这一点,你要铭记于心。我们这个国家的一个问题就是,在你45岁之前,不会有人将这些事情告诉你。"

此时,我想起了之前曾经看过的一本杂志上的内容。"从城市中消失的原精英们的案例",是不是书中描述的这些人也都是获得的报酬远远高于其自身的市场价值?

"最重要的是目的,就是这个。"黑岩仁的话将我的思绪拉回现实。

对于我来说,在这次公司改革过程中,目的是我经常思考的一个词汇。对于我来说,工作的原初目的是什么?我心中有一种纠结的情绪。

黑岩仁像是看透了我心里的想法,于是说:"我并不是要求你现在马上就作出决定。今天就到此为止。你如果冷静思考后有了答案,到时你再过来一次。"

可靠的同事值得信任

当天晚上,公司举行了一场聚会,参加的人都是参与此次改革项目的年轻人,有将近20人。聚会时的氛围比以前明显好了很多。放在以前,只要一上酒,大家就开始八卦公司内的传闻,或者轮流发牢骚。现在,聚会时大家谈的都是工作方面积极向上的话题。如果聚会时能有这种氛围，这家公司应当不算太差吧？

在人声嘈杂当中，我发现旁边坐着一位女同事。

她已经在公司工作了三年，就是在黑岩仁和本间部长针锋相对的时候最先举手发言的那位。

"青野，你真的要辞职吗？我听说你要辞职的事了。"

她既然这样问，我也坦白地说："关于这件事，我也觉得有些无情，但是，说实话现在自己还有些迷茫。在这次改革项目之前，我一直在考虑跳槽的事情。但是，最近公司不是逐步走上正轨了吗？所以，感觉继续留在现在的公司也不错。"

"绝对不行！"

"为什么？"

"我认为青野你应当去一家更好的公司。咱们的公司，只有那些会撒谎、耍小聪明的人才能出人头地。但是，青野你太过老实。我知道你在担心我们的事情，但是其实不用担心，销售部的事情就交给我们吧。青野你应当去一家更能够认同你价值观的公司。"

这真是一种有说服力的观点。确实，我可能在潜意识里夸大了自己的作用。有没有自己在，这家公司都不会有什么改变，相信公司一定会没事的。我一瞬间有些悲凉，发现自己并不是公司的明星人物。

　　同时，我又感觉有些小看了自己。说不定有其他公司很需要我这样的人，这也是事实。

　　黑岩仁曾经说过，在换工作最后的阶段，那些一直帮助自己的前辈以及那些崇拜自己的后辈都会给予支持，这种情况有很多。我有时可能觉得离开公司有些对不起这些支持自己的人，但是，当你实际与这些人聊了之后，会发现很多惊喜。因为这些善于理解的人与自己想的不一样，他们会从背后坚定支持你。

　　于是，我对她说："谢谢你。现在有一种终于作出最后决定的感觉，内心充满积极向前的动力。谢谢你！"

　　我已经决定好了。但是，我并不想首先将自己的决定告诉黑岩仁。

　　最先知道我的决定的，应是我最近借口工作忙，一直逃避的人。最近，我和女朋友一直聚少离多，所以一直没机会将自己跳槽的事告诉她。在聚会结束回家的路上，我和女朋友约好了见一面。

　　她出现在我们经常去的那家店，身上穿着白色的连衣

第 6 章 你并非不可或缺
——如何获得他人支持

裙。现在想起来,她脸上的表情比平时显得更加坚毅。

我盯着天花板,回想着这半年发生的各种事。

该从何处说起呢?她能够理解我换工作的事吗?

上一次见面还是两个月之前了。

干杯之后,她一直在说自己的近况以及我们俩的朋友结婚的事情。我默默地听着,她看起来精神不错。

听完她的近况之后,我对她说:"我想换一份工作。"

她的表情一瞬间僵住了但她装着正常的样子。

"换工作?那你要离开现在的公司吗?"

"嗯,之前曾经跟你提过,我还是觉得应当换一份工作。"

"跳槽的公司是什么样的?确定了吗?"

"还没有确定。但是,我想去一家在行业内具有发展潜力的风险企业。你怎么看?"

"我怎么看?这样好吗?为什么要去风险企业?工资待遇怎么样?"

"说实话,工资可能在短期内比现在有所下降。但是,如果从未来的角度考虑的话,这种公司是最合适的,以后年收入也会增加的。"

"但是,未来的事情不可预期。如果失败了,该怎么办?据我所知,有很多前辈从大公司跳槽后都很后悔。我觉得你离开现在的公司太可惜了。"

女朋友大学毕业后就一直从事现在的工作，从未跳槽。她的母亲也是与自己的同事结婚后成为家庭主妇，所以整体而言，在人生规划方面，她们都是一种保守的态度。

"但是，我压根不知道能在现在的公司安逸到什么时候。"

"说什么呀！你大学毕业后好不容易才进入现在的公司。我完全不能理解，你离开现在的公司去别的公司有什么意义。"

"但是……"

"不要说了！结果你还是完全不替我考虑考虑！我知道了。"

"不是这样的。我觉得这是对我们两个人来说最好的选择。相比工资待遇，通过跳槽我能够提升自己的市场价值。"

"不是！青野，你一直都是这样，所有的事情都是自己一个人决定。这种事情不是你沉默两个月之后就能轻易对我说的事情。"

"我是不想让你担心。"

"是这样吗？你总是说这样的话。"

这时候我深切地感受到换工作的难度有多么大。女朋友深深吸了一口气，继续说道："在我们没有见面的两个月时间内，我考虑了很长时间。"

一种不好的预感袭来。

"感觉我们还是做朋友比较好。"她面无表情地说。

我的胸口有些隐痛。当天，我们分手了。

与伴侣交流时，共鸣最重要

"决定了吗？"

决定换工作后，我再次来到了黑岩仁的办公室。黑岩仁用一种试探的目光看着我。与女朋友分手是对我的一次重大打击，但是，我内心并未因此动摇。

"决定了，还是决定要离开现在的公司。之前，我认为现在的公司还是需要自己的，但是，后来我知道这只是自己的一种自大表现。另外，说不定会有其他企业需要我这样的人。这是一个后辈教我的。"

"这样啊。确实，在换工作的最后阶段，会有一种不安，认为如果自己离开了，工作就难以维持了。但是，工作一定会照常继续下去。公司就是这么一种存在，离了谁都能运转。"

"是的。关于换工作的迷茫我已经没有了。但是……"

听我讲完和女朋友吵架的过程后，黑岩仁苦笑了一下，接着又用他一贯的口气对我说："原本与那些不能产生共鸣思考的人交往，本身就是一种失败。"

他的回答正如我所料。黑岩仁继续说："毫无疑问，结婚和换工作是两件完全不同的事情。你因为考虑这样继续下去，自己的市场价值会不断减少，所以才试图跳槽。但是，这与你是否要结婚没关系。你完全就是将这两种不同次元的事情混淆在一起。但是，你自己也有过错。"

"我的过错？"

"是的。那就是没有及时分享你的感情。当你最初考虑跳槽的时候，你那时候是一种什么样的心情？是不是不安？如果你本人都感觉到一种不安，那么其他人肯定会更加不安。你周围的人没人比你更清楚公司的现状和跳槽目标公司的魅力所在。对于未知事物感到不安，是自然而然的。"

"所以，我也曾尝试和她沟通……"

"任何事情，只靠逻辑是行不通的。重要的是用一种能够引起对方共鸣的脉络进行沟通。"

"引起共鸣的脉络？"

"是的。当你的伴侣反对你换工作的时候，你需要记住三点。"

说到这里，黑岩仁在纸上写下了**逻辑、共鸣、信任**三个词。

"第一个是逻辑。要告诉对方你为什么要换工作。比如，具有大公司从业经验的话，那么将来更容易跳槽到小公司。如果换工作后工资只有原来的80%，而家里还有妻子和孩子的话，这种情况下，另一半一般都会反对的。特别是女性，

第6章 你并非不可或缺
——如何获得他人支持

看待问题比较现实。所以，你要尽可能向对方解释你换工作的理由。比如告诉对方，换工作之后，短时间内工资可能会减少，但是从长远来看，继续待在现在的公司情况会更糟。这就属于逻辑的部分。但是，如果你即使给对方解释了换工作的理由，对方还不能接受的情况下，该怎么办呢？这个时候就需要共鸣。"

"这是什么意思呢？"

"比如我们之前聊过的那对夫妇，男的在一家商社工作，妻子离职后专心于孩子的教育。男的平时比较忙，晚上回家通常会很晚，只有周末的时候才能帮助做些家务。看管孩子做作业或者孩子平时的教育，基本上都是妻子负责。此时，如果偶尔请假在家休息的老公一副自以为是的表情谈论着自己对于孩子的教育方法，那么妻子会说什么？我相信，妻子此时一定会发怒的。你什么都不知道，但是牢骚不断，别人不发怒才怪呢。因此，妻子比任何人都更了解孩子的教育，在孩子的教育问题上比任何人更有发言权。"

"确实是这样的，这种情况下，无论是谁都会发怒的。"

"真的是这样吗？如果是这样的话，那么，工作是不是也是这样？在工作上，当事人比其他任何人都更了解公司的情况，在工作上更有发言权，最后换工作的也是这个人。为什么要换工作，为什么现在的公司不行？他本人最清楚公司的情况，最不安的也是他本人。已经有了下定决心离开公司的理由，这种情况下是不是应该离开公司？还需要别人来指点吗？这是不是和刚才的孩子教育问题一样？也就是说，'比任何人更了解实际情况，比任何人更有发言权的人是谁'这一点很重要。"

"原来是这样啊！"

"你要注意，为了引起伴侣的共鸣，一定将自身置于与对方同一水平，用对方能够理解的语言和比喻进行沟通。如果用市场价值或生命周期这样抽象的概念给处于迷糊状态的对方解释的话，只会让对方更加混乱。"

听过后，我感觉自己好像确实犯了一个很大的错误。

"这就是做决定的本质。所谓的做决定应当是能够获得充分的信息，并且最具有发言权的人做的。可能有一些内容只有当事人自己清楚，但是，最后对方还是不得不去相信你。难道不是这样吗？也就是说，在与伴侣沟通的时候，有三个步骤：**一是确定沟通的逻辑；二是引起对方的共鸣；三是让对方能够相信**。那些在与伴侣沟通后放弃了跳槽想法的人一般都是欠缺第二个步骤。"

听完后，我心里想，如果你早点告诉我就好了。

工作应是喜欢做的事

——找到理想下家

第 7 章

作为生存手段的工作和作为目的的工作

在与黑岩仁交流后,我又接连参加了三家公司的面试。这三家公司都在处于成长状态的行业领域内,而且都是自己从中能够获得技术资产的公司。

> A 公司:医疗服务领域的广告销售综合管理岗位
> B 公司:教育领域风险企业的产品研发岗位
> C 公司:销售支持 IT 服务的候补产品经理

选择这三家公司的理由如下:

首先,医疗(A 公司)是在当前人口不断减少的大环境下,顾客数量反而不断增加的为数不多的发展型产业。现在的医疗业务存在很多传统的方法,很多时候医生的诊疗都依赖经验和直觉。这家风险企业尝试发挥大数据的作用,为医生的诊疗活动提供支持。

对这家公司,我有一点一直放心不下,那就是虽然医疗行业处于发展上升期,但是,自己对这一块的业务并不怎么感兴趣。而且还可能会到海外工作,这是阻碍我作出决定的一个因素。以上是我对这家公司的感受。

其次,教育领域的风险企业(B公司),这家公司非常吸引人。公司社长对公司未来的远景描述非常清晰,听了对方的介绍后,我产生了一种莫名的兴奋感。

国内教育市场规模随着人口的减少而不断缩小,但是,教材、学习形式、教育方法面临的效率问题比医疗领域更加严重。为了突破这种现状,风险企业不断涌现,因此,整个市场处于一种发展状态。这家风险企业的业务是将教师每次授课时都需要重新制作的讲义进行格式化,再提供给用户,现在一部分私立学校已经开始使用这样的服务。

最后,销售支持IT服务(C公司),在面试之前我就对这家公司有一个不错的印象。因为我在从事销售工作的时候使用过这家公司的产品,比较了解这家公司产品的优点。对于销售人员来说,最重要的就是"销售自己认为有价值的产品"。

而且,我也想着趁现在积累一些无形服务的销售经验。我现在只有面向法人机构销售(印刷机器)的技术资产,但是,黑岩仁曾经说过,"即使都是面向法人机构的销售工作,在如今的时代,相比销售有形产品,那种销售无形产品的技能,其生命周期更长久。现在,整个国家都进入一种服务产业业化的状态中,处于发展状态的产业基本上都是提供无形产品的产业"。如果销售的产品不是一种固化的产品,而是能够掌握根据顾客需求,提供不同解决方案的定制型服务销售技能的话,那么未来自己可选择的空间就会越来越大。

我一直期待着这三家公司的面试,面试后发现了一些与自己的期待不同的东西。

在 C 公司面试时,印象特别深的是对于我提出的"竞争对手有哪些"这个问题,一个自称项目负责人的面试官这样回答:"首先,从狭义上看,竞争对手就是数量众多的同行的云端销售支持服务。但是,从广义上看,我们公司的竞争对手可以定义为'纸张和记事本'。"

"纸张和记事本是竞争对手吗?"

"是的。所谓的销售工作平时都是怎么做的?实际上很多公司现在在销售管理方面还是通过纸张和记事本进行管理。但是,如果使用数据库服务的话,就能够在最短时间内检索到公司以前的销售记录以及交易数据。不论在什么时候,不论是谁,都可以查阅这些数据,这对于公司来说是一笔很大的财富。比如,如果只有一张客户的名片,但是能够在公司内共享的话,那么就可以构成一个很大的数据库。"

"确实如此。所以,纸张是公司的主要竞争对手?"

"是的。另外一个就是记事本。公司内的讨论会为什么一般都要 30 分钟或 1 个小时?实际上 20 分钟就可以结束的会议，为什么最后开到了 30 分钟，原来 40 分钟就足够的会议，最后却花了 60 分钟？在现在的社会，应当缩短工作时间，让人们能够有更多的时间享受闲暇时光。但是，如果开会时间都是 60 分钟的话，那么每天会议的次数和用于其他工作的时间都会受到影响。面对这种情况，该怎么办？我们想到了记事本。为了改变这种现状，需要改变一下记事本的形式，也就是时间的分配利用。"

听完对方的解释，我感觉很有意思。面试官看起来只有 25 岁左右。在这个年龄，就能够用一种崭新的视角发现产品的价值，这是我现在所在公司没有的人才。

于是，我继续问道："那我能不能问一下，您加入这家公司最初的原因是什么？"

"有两个。一是自己喜欢这项服务。我和你一样，之前的工作也是销售。当时，在工作中使用过现在这家公司的这项服务，感觉很方便。另外一个就是提升自己的技能，也就是说选择来这家公司是分析自身市场价值后作出的决定。现在这个时代，真的是越来越便利了，无论是买什么，还是卖什么，只要有一个应用软件，一切都变得很简单。但是，带来这种便利生活的企业，在效率方面还存在很多低下的情况。例如，刚才说的销售活动就是其中之一。"

"是的。"

"今后，在这个领域内，将会有更多能够提升效率的好的服务产品出现。如果现在能够在这里做出成果，那么一定能够提升自身的技能。从公司角度来说，也会明确告知求职者能够提升其自身的技能。因为不知道员工会不会一直待在公司，所以，公司会积极为员工提供成长的机会。这里就是这么一种氛围，反而吸引了更多优秀的人才。所以，我们公司的离职率不高。"

这家公司就像黑岩仁曾经说过的，"公司的员工有能力去其他的公司，但是员工却不会辞职，这样的公司才是最有潜力的"。

我对对方的话非常认同。

他所说的两个原因，前者是关于"目的"。如果销售的产品也是自己喜欢的产品，那么对自身而言就类似于"做真正喜欢的工作"。

而后者则是关于"手段"。根据工作的生命周期理论，应当选择那些岗位有可能不断增加的公司。在这家公司，自己喜欢的工作与生存所需的东西之间，存在一种合理的平衡。

而且，让我印象更深刻的是对方说话时那种充满自豪的神情，这种感觉能够从其言语中轻易察觉到。面试官认为自己现在正在做的事情是有价值的，而且非常享受现在的工作。

面试结束后,我选择这家企业的愿望更强了一些。

对于工作的人来说,"是否对自己公司的产品和服务感到自豪"这一点非常重要。

当天晚上回到家之后,我开始准备次日工作的相关事务。现在一边找新的工作,一边继续眼前的工作,真的非常辛苦。

周六和周日基本上就是准备面试。完善简历,与人见面,调查面试公司的情况,总结自己去面试公司的动机,等等,在做这些准备工作的时候,时间过得很快。

我一边冲澡,一边想起了面试时的情形,回想着面试官充满自豪的神情。

如果工作让人感到愉快,而且可以学习一些能让自己自食其力的知识,这应当是最好的结果了吧?但是,如何发现自己喜欢的事情是什么呢?

洗完澡之后,我打开了电视机。

电视上正在播放一位非常有名的笑星的节目,我看着节目,感觉他似乎非常高兴,不停开怀大笑。

这些人应当非常喜欢逗人笑的工作吧。

电视节目中的这些人,看起来一直在坚持自己喜欢的事情。

第7章　工作应是喜欢做的事
——找到理想下家

那么,我自己呢?工作对于我来说是一种手段,还是目的?对于这个问题,我想请教一下黑岩仁。在这种想法之下,我开始期待明天黑岩仁的授课了。

✦✦✦

今天是向黑岩仁汇报面试情况的日子。我将面试的情况大致介绍了一下之后,问起了昨天晚上自己想到的事情。

"黑岩先生,您之前曾经说过很多次,要掌握生存的技能。"

"是的,怎么了?"

"最近我开始思考,工作难道真的只是一种手段吗?那些工作的人当中,有人就很明显是'喜欢才做的'。这些人看起来并不像是为了'获得生存的技能'才工作的,而是因为喜欢才工作,最后获得了生存所需的技能。如果是这样的话,那么我觉得应当有追求工作价值的方法。"

"工作价值?你觉着靠这个东西能有饭吃吗?"

"说实话,我并不太清楚。只是感觉除了追求市场价值之外,还有其他的工作方式。所以,今天想向您请教一下。这对于您来说是工作的目的,那么,对于您来说工作的价值是什么呢?"

"金钱啊!不要让我说这种理所当然的事情。挣钱,这就是工作的目的。"

"真的是这样吗？"

"是的！"

但是，我对于他的答案并不认同。

"我感觉在从事咨询工作时，黑岩先生并不是这样的人。能够从您的身上感受到一种对年轻人的期待。您说的那些话，是那些只将金钱作为目的的人绝对不可能说出来的。而且，对于我，您也是全力在帮助。所以，说得不好听点，眼中只有金钱的人应当是更加冷酷无情的人。不是这样吗？"

黑岩仁没有马上回答，他的脸上出现一种第一次碰到难以回答的问题的表情。沉默片刻，他才开口说："真是无聊的问题啊！我讲的一切都是为了让你们能够有些改变。除此之外，没有其他意思。"

这个时候，进来拿资料的赤神亚里沙难得插嘴道："哈！真的是这样吗？"

赤神亚里沙接着说："我跟着社长好多年了，我觉着对于社长来说，工作是比金钱更重要的东西。难道不是这样吗？青野，社长他并不是看上去的那样，只根据金钱选择客户。一定要弄明白为什么要进行变化之后他才接受咨询委托的。"

"果然是这样。"

第 7 章　工作应是喜欢做的事
　　——找到理想下家

黑岩仁脸上一副不满的表情。

"真是无聊！不要说这些没用的话。"

但是，赤神亚里沙却一副毫不在意的样子，若无其事地接着说："另外，黑岩先生每个月还从事专业志愿者活动呢，就是那些专业人士从事的志愿者活动，他会无偿给那些失去双亲的孩子进行职业教育。教授的内容包括销售技巧、市场营销、会计、设计等，认真教授这些孩子在这个时代生存和发展的技能。"

"还有这种事啊？"

"你知道黑岩先生为什么做这些事吗？因为他自己年轻的时候，因为没钱，吃了很多苦。孩子不能选择自己的父母，所以，他希望这些不能选择父母的孩子能够获得自力更生的技能。就是在这种想法之下，他才从事专业志愿者活动的。这难道是眼中只有钱的人会做的事情吗？"

我的胸口一阵灼热，原来他是为了掩饰难为情才这么说的啊。黑岩仁继续保持沉默。

赤神亚里沙站起身来，走到书架旁，从抽屉中取出了一样东西。

原来是一张照片。

"看看这个。左边的是我，旁边就是年轻时候的黑岩。"

照片中的人应当是小学时代的赤神亚里沙以及 30 岁左

右的黑岩仁。照片中的黑岩仁满面笑容。

赤神亚里沙无视黑岩仁的制止,继续说道:"我就是得到他帮助的孩子之一。当我在人才公司变得同流合污的时候,是他介绍我做社长秘书的,黑岩的话还是很有分量的。年轻时的他总是说要做自己喜欢做的事,一直强调要找到自己的天职。对于我来说,秘书这份工作毫无疑问就是我的天职。"

原来如此,这样说的话,确实赤神亚里沙和黑岩仁之间并不像是雇主和雇员之间的关系,而是彼此之间建立了一种信任关系。所以,黑岩仁才会叹气。赤神亚里沙继续说:"所以啊,为了金钱去工作,这是撒谎。是他为了掩饰难为情才这么说的。我真的希望青野你能够追求比金钱更有意义的东西。是不是这样啊?"

黑岩仁回答说:"同一件事,说法不同,效果迥异。我只是想告诉他作为一名专业人士生存的技能。"

我马上接着说:"但是,听一起进公司的横田说,这一次的咨询费用,比黑岩先生平时的咨询费用低了很多。对此,横田感觉有些不可思议,所以就调查了一下,发现原来黑岩先生对于那些业绩不好的公司,基本上都不收取咨询费的。而且,黑岩先生接手的都是其他咨询专家避之不及的公司,所以就有了'让公司破产的男人'这么一个称号。是这样吧?"

第 7 章 工作应是喜欢做的事
——找到理想下家

黑岩仁回答说:"这些家伙都是胡乱猜测。"

"但是,实际情况应当是这样吧?"

"好了!我告诉你实情吧。我帮助那些将要破产的公司并不是仅仅为了金钱。"

"那是为了什么?"

"教授'跳槽思维'和帮助将要破产的公司都有一个共同的目的,那就是创造一种环境,让工作的人真诚地面对自己,敢于直言正确的事情。为此,在原来的公司之外,还应有其他的选择余地。也就是说,要让所有人都能获得换工作的能力。所以,我才教授换工作的思维方式。"

"原来如此。"

"但是,所有员工一起跳槽这种事在现实中也不是不可能的。所以,需要推进公司重组,彻底斩断公司内的惯习和人际关系,创造出一种让员工能够安心工作的环境。越是发展不好的公司,公司的关注点越是收缩到公司内部,这样的话,那些毫无根据的谣言和公司内的政治、附和领导的压力等就会扼杀员工的精神。也就是说,那些将人作为工具使用的公司才会想着去支配人。这种情况是绝对不允许的,所以要打破这种环境。仅此而已。"

"这样的话,我们可以在工作中真诚地面对自己。是这样吧?"

"是的。这就是我的工作价值,也是我工作的动机所在。在这个意义上,作为一种手段,我不会免费开展这些工作。所以,对于你来说,如果将工作看作一种目的去追求的话,也是可以的。但是,不要想着让别人也拥有工作的价值,并不是所有的人都会追求工作的价值。"

可能确实如此,我也许就属于那种执着于工作价值的类型。

工作无乐趣则只能臣服于金钱

"但是,一个事实就是社会会偏袒那些'追求工作价值的人'。"黑岩又提到。

"这是为什么呢?"

黑岩仁继续说:"无视工作价值,在感觉不到快乐的情况下工作,这恐怕就是这个世界上最简单的事了。所以,人们才会选择这种方式。你可以想象一下,假如你问100个走在路上的人"你为什么工作?"不同的人可能会给出不同的答案,有的人说是为了家庭,有的人说是喜欢工作。如果此时你再问一下,如果工资减少一半,那你还会继续现在的工作吗?此时,会有一大半的人给出否定答案,他们会说自己将选择换一份工作。基本上所有的人最后都会臣服于金钱。是这么一种情况吧?"

第 7 章 工作应是喜欢做的事
——找到理想下家

"原来如此……"

"对于普通职员来说，挣钱就相当于臣服于金钱，被金钱所收买。你拿出自己的时间出售，而这些时间则被投资家或经营者所购买。这是最简单的一种选择。但是，未来的社会可能会变得完全相反。"

"相反？难道是说从事自己喜欢的工作变得更简单了？"

"不是的，有些不同。是说那些虽然嘴上说讨厌工作，但是还不得不继续工作的人的数量可能会减少。在工作中做自己喜欢的事情，是在未来的社会提高生存能力必不可少的条件。未来，那些不能从事自己喜欢的工作的人，可能会首先被社会淘汰。"

我有些吃惊，片刻后提问："那些不能从事自己喜欢的工作的人会首先被社会淘汰？不应当是我们放弃了自己喜欢的工作，所以才能获得报酬吗？"

"你听好了，你觉得为什么虽然工资待遇不高，但是婚礼策划、美容、电视制作等这些行业和公司的求职者依然络绎不绝？因为这些工作当中包含着创造性的要素，人们能够从中感受到工作的价值。相反，那些程式化的工作，一般都不受大家欢迎，而从事这些工作的员工的待遇，如果是正式员工的话，很多时候都会比婚礼策划从业者高出很多。因为这样的工作，如果不能提供具有吸引力的报酬的话，就很难吸引员工。可以说，程式化的工作，花费的成本就会很高。也就是说，从投资家或经营者的角度来看，这些工作是很容易通过技术手段替代的，而且用技术手段替代人工后，能够减少很多成本。这是我以前曾经告诉过你的。"

"想起来了，您曾经在'工作的生命周期'部分介绍过。"

"不仅如此，现在生活的成本不断下降，即使不选择一个栖身之所，也可以免费或者以较低的价格获得很多东西。也就是说，很快就要进入人们不必工作就能够生存的时代。"

"确实如此，没有栖身之所，现在也能生存下去。"

"那些缺乏工作价值的程式化工作被新科技所替代，生活成本也将随之下降。如此一来，未来社会上的工作可以主要分为三种类型。"

"哪三种类型呢？"

"非常简单，假如你不需要再工作了，那么你会选择下面三个选项中的哪一个？**一是作为一种工作，继续从事自己喜欢的事情；二是尽量减少工作，专注于自己的兴趣；三是虽然不喜欢，但是还要继续现在的工作。**"

看到我似懂非懂的神情，黑岩仁补充道："第一种一般是那些喜欢工作的人选择的道路，这些人会继续工作下去。第二种是将工作的时间减少到最低限度，然后专注于自己的兴趣爱好。最后一种是因为某种理由，虽然不喜欢工作，但是还要继续现在的工作。理由可能是想过更好的生活，或者希望得到别人的认同。那么，你会选择哪个？"

"我可能会选择第一种，或者第二种。"

"这样啊，很多人都会选择第一种或第二种。但是，现实情况是什么？现实就是大多数人被金钱所俘虏，虽然不喜欢现在的工作，但是还要坚持工作。感觉社会上应当有五到八成的人属于第三种。不久的将来，就会有一种大规模的迁徙，那些不喜欢现在的工作，但是还不得不继续工作的人，可能就会迁徙到选择自己喜欢的工作，或者迁徙到专注于自己的兴趣。"

"原来如此。这不是很好吗？"

"是的。但是，那些之前一直不喜欢工作的人，现在如果让他们去寻找自己喜欢的事情，这个过程并不容易。而且，想通过工作去实现这种目的则困难重重。这就是社会发展的趋势，所以这也是必须找到'自己喜欢的事情'的重要原因。我给你布置一个作业，下次过来的时候告诉我答案就可以。对于你来说，'喜欢的事情'是什么，你自己去寻找一下这个答案的要点。"

我感觉自己马上就要接近目标了。但是，我也因为一时找不到接近目标的道路而感到烦躁不安。

"青野!"

在走出办公室之前,黑岩仁叫住了我,对我说:"下次是最后一堂课了。"

绝大部分人并不需要"自己想干的事"

可能是因为我事前做了详细的调查,所以之后的面试都进展顺利。

但是,面对黑岩仁布置的"寻找自己喜欢的事情"这个作业,我一直没有找到答案。很少有这样的幸运儿,能够找到一份工作,同时有机会思考自己是否喜欢这份工作,而正是在这种环境中,我已经不清楚自己喜欢的事情是什么了。

最后一课开始了。

我将自己真实的感受告诉了黑岩仁。

"上次授课之后,我一直在思考这个问题。但越是考虑自己喜欢的事情是什么,我越是变得糊涂起来。当然,还是找到了一些'稍微有些喜欢的事情',比如说音乐或者电影等。但是,至于'自己非常想干的事情',则没有找到。"

我当然有"自己喜欢的事情",除了音乐和电影之外,也包括美食和体育等。但是,却没有"自己非常想干的事情"。黑岩仁说:"你真是白痴。如果你真的有自己非常想干的事的话，你现在就不会出现在这里了。重要的是你应当清楚，大部分人都没有找到那些无论如何都难以割舍的'自己喜欢的事情'。注意，你不需要那些自己从内心真心喜欢的事情。"

"什么？！不需要这样的事情？这是为什么呢？"

"人可以分为两种。像你这样的人属于那种不需要自己从内心深处喜欢的事情的类型。对你来说，需要从内心真心喜欢的'状态'。"

"状态是什么？"

"之前，我的一位老师曾经分析出了成功人士使用的语言。通过他的分析结果，我知道了那些喜欢工作的人使用的语言有两种。"

说到这里，黑岩仁站起身来，在白板上写了起来：

> 重视 to do（事情）的人在思考问题的时候，会问自己要什么。这样的人拥有明确的梦想和目标。
> 重视 being（状态）的人重视自己想成为什么样的人，想处于一种什么样的状态。

"首先，有一组人会通过'to do'（事情）表达自己在工作中的快乐。比如说，给这个社会留下一个创新性的产品，或者将公司做大。另一方面，也有人会通过'being'（状态）

表达自己在工作中的快乐，比如，受到周围人的尊敬，或者在社会上有影响。也就是说，享受工作乐趣的方法各不相同。如果将这两种方式混淆的话，那么事情就会变得复杂起来。你认为你自己属于哪种类型？"

"我希望自己成为有明确 to do 目标的人。但是，自己实际上应当属于后者。"

"是吧！实际上，99% 的人和你一样，都属于 being 类型。而且，99% 的人一直在探求'从内心喜欢的事情'这种幻想，很多人因此而彷徨和迷茫。因为世上的成功哲学都是由剩下的 1% 的 to do 类型的人写的。这些人会告诉大家应当追求自己喜欢的事情。但是，这两种类型的人成功的方法是不同的。所以，如果你参考后者的建议，就会变得彷徨起来。"

"原来对于很多人来说，并不需要从内心真心喜欢的事情。"

"是这样。能够拥有自己喜欢的事情当然很好。如果没有，也不要悲观。因为自己一定能够找到'自己在某种程度上想干的事情'。而且，做一个 being 类型的人也完全没问题，绝大多数人都是这样。"

突然发现，我一直在盯着黑岩仁的脸认真听他讲话。

因为没有明确的想干的事情，借用黑岩仁的话，那就是作为 being 类型的人，我之前一直感觉到一种自卑。

第 7 章 工作应是喜欢做的事
——找到理想下家

黑岩仁又说:"being 类型的人到了某个年龄之后,无论在什么地方,都找不到'自己从内心真正喜欢的事情'。但是,这也不是什么问题。这仅仅是自己重视的是什么这样一种价值观的不同而已,而不是自己妥协了。对于 being 类型的人来说,最重要的不是'想干的事',而是'状态'。"

"这是为什么呢?"

"所谓的状态可以分为自身和环境两种:**自身的状态和环境的状态**。具体来说,你在电视上打过游戏吗?有一款角色扮演游戏,游戏中的主人公通过打败敌人,最终实现了自己的目的。"

黑岩仁突然提到游戏的事情,我感觉有些不可思议。

我回答说:"玩过。这与游戏有什么关系?"

"其实,无论是游戏还是体育运动,都是为了让人类这种动物高兴而产生的。所以,大家都喜欢游戏或体育运动。如果仔细分析游戏或体育运动的案例,你就会清楚享受人生的关键所在。通过文献研究发现,决定有意思程度的因素至少有两个。**一是自己的状态,主人公是否具有相应的战力,主人公是否可以信任。二是环境的状态,紧张和放松之间的平衡是否处于一种让人舒心的状态。**"

黑岩仁继续加重语气说:"对于 being 类型的人来说,首先重要的是作为主人公是否具有与自己现在所处的位置相适应的战力。你可以试想一下，如果主人公太过软弱，是不可能战胜敌人的，这种情况下，这款游戏还会有意思吗？"

"确实如此。看着好像马上就要被打倒，却没有被打倒，因为主人公具有相应的战力。"

"对吧！很多人从很小的时候开始努力工作，或者从事体育运动训练，在'即将被打倒，但是没有被打倒'的环境中成长起来。也就是说，being类型的人首先需要知道的是，自己作为主人公是否具备与环境相适应的战力。"

我有一种之前对世界的认知即将颠覆的感觉，有一点点兴奋。

"原来是这样啊。但是，所谓的战力对于商务人士来说代表的是什么呢？"

"就相当于市场价值，代表你的格子的大小，这就是商务人士的战力，就算公司倒闭了，你自己依然能够存活下去的战力。所以，我之前告诉你，首先要做的就是提升自己的市场价值。也就是说，为了能够享受工作中的快乐，必须在提升市场价值和公司对你的业绩要求之间掌握一定的平衡。"

黑岩仁继续说："但是，战力仅仅是一个方面。对于being类型的人来说，还有另外一个重要的方面，那就是要相信自己。"

"相信自己？"

第 7 章　工作应是喜欢做的事
——找到理想下家

"所谓的相信就是不要对自己撒谎。对于 being 类型的人来说，要实现相信自己这一点很难。当你不得不撒谎的时候，与那些用'为了自己想做的事情不择手段'为自己辩解的 to do 类型的人不同，being 类型的人在精神上没有逃避的空间。无论多么有能力，只要在工作上撒了谎，自己就不会原谅自己。"

就好像自己的谎言被拆穿了，我的心脏开始跳个不停。

"也就是说，对于 being 类型的人来说，重要的是提升自己的市场价值。在此基础上，当自己迷茫的时候，有选择的余地不让自己讨厌自己。对于这一点，你有没有什么感想？"黑岩仁问道。

"我感觉自己在工作上一直在撒谎。自己一直认为公司的产品是没有价值的东西，却将这些东西卖给客户，这对于我来说是一件非常痛苦的事情。"

"比如产品 A。你应当知道，在考虑游戏是什么内容之前，如果你不能喜欢作为主人公的你自己，那么无论你打败了多少敌人，也不会感到幸福。工作也是一样的。"

在黑岩仁建议的基础上，我总结了对 being 类型的人，在工作方面非常重要的几点原则：人可以划分为重视"干什么"的 **to do** 类型的人，以及重视"想做什么样的人，想处于什么样的状态"的 **being** 类型的人。**99% 的人都属于**

being 类型的人，所以，如果自己没有"内心真心想做的事情"，也不要悲观。being 类型的人享受工作中的快乐有两个必要条件，**一是提升自身的市场价值，二是在此基础上尽量在工作中不要撒谎**，如果不能认可自己的话，无论市场价值提升到多高，自己变得多强，都不可能享受"游戏"的快乐。

工作乐趣是由"紧张和放松的平衡状态"决定的

我觉得今天讨论的话题非常有意思。黑岩仁继续说道："讲到这里，只实现了 50%。对于 being 类型的人来说，还有另外一个重要的'环境状态'因素。"

"这又指什么呢？"

"你回想一下，在考试的时候，努力想解决问题，当考试结束的时候，有一种解脱的感觉。就拿大学毕业后求职的考试来说吧，努力准备相关的考试，考试结束后，你会有一种放松的感觉。如果拿工作来说的话，为了做好一次展示，自己很努力，展示结束后就会有一种放松下来的感觉。也就是说，人生就是在紧张和放松之间不断切换。"

"确实是这样的。"

"这种平衡如果变得过于放松，或者变得过于紧张，那么就到了换游戏的时候了。"

第 7 章 工作应是喜欢做的事
——找到理想下家

"换游戏？"

"是的。人作为一种不可思议的生物，年轻的时候获得成功，到了晚年过着一种别人羡慕的安稳且富足的生活，但是这并不一定能让人感到幸福。因为每个人都会有自己的'紧张和放松的平衡'，如果晚年的生活只有放松的话，并不一定会幸福。我们再看一下那个角色扮演游戏的例子，游戏中一般都会交替出现弱的敌人和强的敌人，这是不是就像小鱼和大鱼之间的一种交替切换？"

"确实如此。"

"因为，如果只有战力较弱的敌人，那么人们就会感觉到厌倦。相反，如果只有战力强大的敌人，人们就会疲于应付。这种'紧张和放松的平衡'就决定了所有的快乐。工作也是一样的。"

黑岩仁继续说道："那该怎么寻找这种平衡呢？首先，如果自己在工作上感觉到很紧张，那么就将面临的紧张状况写到纸上，然后数一下，再按照好的紧张情况和不好的紧张情况进行分类。在此基础上，如果半年之内好的紧张情况不到 3 个，那么就到了换游戏的时间了。相反，如果不好的紧张情况有 10 个以上的时候，那么最好就换一下地方。"

听完后，我在笔记本上写道：**每个人都有自己的"紧张和放松的平衡"，为了验证紧张和放松的平衡程度是否合理，**

可以将最近半年内出现的紧张情况写下来，如果不好的紧张情况超过 10 个的话，那么就需要换一下工作的地方，如果好的紧张情况不到 3 个的话，那么就尝试着挑战一下更难的业务或者自己之前没有做过的事情。

"通过自己的主观判断所谓的好的紧张和不好的紧张，这样真的可以吗？"我疑惑地问。

"可以的。作为一个目标，要注意一下这种紧张是由公司内部因素造成的，还是由外部因素造成的。如果上级给你施加了压力，要求你提高销售业绩，那么就将关注点放在公司内部。这种情况下，一般不好的紧张情况比较多。另一方面，如果在销售工作中存在与对手竞争的情况，自己需要向客户进行产品展示，面临着艰苦的谈判等情况，那么就要将关注点放在公司之外。在这种情况下，一般好的紧张比较多。"

听到这里，我终于知道为什么公司改革之后，我感觉留下也是可以的了。

我向黑岩仁坦承："之前，我在工作中一直面对着各种紧张的情况，基本上每周都面临着高难度的目标。而且，公司全体员工都将关注点放在了公司内部。为了不惹怒上级，大家只能拼命工作。算了一下，在最近半年时间内，不好的紧张情况大概有 20 次以上。在这种情况下，自己感觉疲惫

第7章 工作应是喜欢做的事
——找到理想下家

不堪,所以,才考虑要换一份工作。"

"对于销售人员来说,完成销售任务的压力是很正常的事情。但是,像你这种情况,不信任公司的产品,没有通过销售方法弥补客户以使自己安心,自然会痛苦不堪。"

"后来,在黑岩先生的帮助下,情况出现了变化,现在紧张和放松正处于最平衡的状态。换句话说,现在的心情不错。但是,这并不意味着不好的紧张减少了,而好的紧张增加了。整个环境其实还没有彻底改变,所以,我才要换一份工作。"

"正是这样!"黑岩仁笑着说。

我接着问道:"您刚才说作为 being 类型的人在某种程度上也能够找到自己喜欢的事情。那么,具体而言,该如何去发现自己喜欢的事情呢?"

"从结果上来说,就是尽可能将'自己擅长的事情'作为'自己喜欢的事情'。首先,要做到这一点,需要记住的前提条件就是,对于 being 类型的人来说,自己喜欢的事情不是自己找到的事情,而是自己曾经忽视的东西。比如说,当你向 100 个孩子询问他们的梦想时,大多数孩子都会说出自己的某个梦想。但是,如果以相同的问题询问 100 个 being 类型的大人的话,你会发现很多大人压根不知道该怎么回答。也就是说,梦想并不是一个要去新发现的东西,而是自己在此之前曾经忽视的某个东西。那么，该怎么办呢？方法有两个。"

说着，黑岩仁在白板上写下 being 类型的人寻找自己喜欢的事情的方法：**一是从别人称赞自己擅长某件事，但是自己却一时反应不过来是什么事这方面着手去寻找；二是从自己平常的工作中完全感觉不到压力的事情着手去寻找。**

"首先关于第一点，人这种生物非常有意思，人们经常注意到自己不擅长什么事，而忽视了自己擅长什么事。你自己也是这种情况吧？你只注意到了自己不擅长的事情，而忽视了自己擅长什么事。"

"是的。这一点我非常清楚。"

"相反，如果别人赞扬了自己，但是自己一时反应不过来别人赞扬的事是什么，那么你就应当留意一下，去探索自己擅长的是什么。所谓的自己喜欢的事情，对于当事人本人来说已经习以为常。所以，本人一般不会注意到自己真正的优势是什么。"

"别人赞扬的，但是自己却一时反应不过来的事情……可以是工作以外的事情吗？"

"当然可以。我有一位朋友，他在写作方面就有很高的天赋，但是他自己并不知道。因为对于他来说，写作已经成了一件非常普通的事情。以前，虽然有很多人对他说'你的文章写得很好'，他却反应不过来自己的文章好在什么地方。可能他觉得这是别人对他的恭维吧。而且，他觉得自己希望别人来赞扬其他的方面，但是为什么其他人总是赞扬他的文章写得很好，对此，他还变得有些坐立不安了。但是，当赞扬他文章的人多了，他开始逐渐意识到自己的文章可能写得真的不错，这可能就是自己的天分，所以，他逐渐喜欢上了写作。"

"希望别人多多表扬一下自己其他的方面……非常有趣！"

"关于第二点，在平时的工作当中，应当留意自己'感觉不到压力的事情'，从中寻找自己喜欢的事。这是我听一位非常有才华的朋友说的。他年轻的时候就在研究领域显露头角，之后自己成立了一家公司。当公司要招聘几名员工的时候，他大吃一惊，因为他发现很多成年人都不知道'自己想干的事情'。但是，认真观察自己的员工之后，他发现其实每个人都会有一些'自己想干的小事情'。"

"自己想干的小的事情？"

"是的。这就是当别人感到压力很大的时候，自己却完全感觉不到压力的事情。比如说，在你们公司的销售部门，是不是有些人对每天去见新的客户完全不会感到有压力？"

"确实如此，有这样的人。我对去见新的客户会感到一种压力,但是这样的人却好像感觉不到压力。"

"这就像天职。这种人,即使面对困难的工作,也完全感觉不到压力。有一瞬间,你会觉得身边的人感觉就像家人或朋友,自己也能够很自然地开展工作,对于你来说,这种瞬间是在什么情况下出现的?"

"对于我来说,是什么呢?现在能想到的就是在向新人传授经验的时候,我完全不会感觉到压力。这种时刻我感觉能够自然地表现自己,或者能够真实地面对自己。"

"确实如此,你确实属于那种非常不擅长撒谎的人,所以,虽然你是从事销售工作,但是当发现自己公司的产品存在问题的时候,就开始变得犹豫不决起来。可是,当你向新人传授经验的时候,就会毫无保留告诉对方你认为100%有价值的东西。这可能就是你的天职吧。"

"是的。我能够变得最自然的瞬间,可能就是在与别人讨论某个能够激发对方思维的问题时,或者是我一个人在一个安静的地方写邮件的时候。重要的是要想一想在工作方面,对于自己来说能够完全感觉不到压力的瞬间是什么时候,这样就很可能找到自己喜欢的事情。"

给自己贴上"标签",拒绝平庸

"我现在已经知道 being 类型的人发现'自己喜欢的事

情'的方法了。但是，感觉这种在不经意间出现的'自己喜欢的事情'，要想具体地与工作联系起来，还是有些距离。"

"不要把这件事想得太难。如果清楚了自己喜欢的事情，那么就将这件事作为自己的'标签'。"

"自己的标签？"

"你知道未来的社会，什么样的人才是有竞争力的？那就是这些个体身上贴着'标签'的人。所谓的'标签'就是只属于自己的标语。由组织保护个人的时代已经结束。不知道什么时候，个人就会被从组织中踢出来。此时，即使只有一个'标签'也可以，如果完全没有属于自己的'标签'的话，你就会变成一件平庸至极的商品。"

"平庸的商品是随时可能被替代的东西，是这样吗？"

"是的。所以，不论是什么利基市场都可以。首先，你要思考一下你现在拥有的'标语'。这个标语不是用来给别人看的。标语可以非常老土，也不必追求其内容质量多高。这种标语无论有多少都可以。"

说到这里，黑岩仁站起身来，在白板上写下：**开拓新市场的鬼才、发现现有客户需求的精英、项目风险的控制人。**

"像这种标语有很多。"他补充道。

"比如，'将来自己能够掌握的，就是自己希望做的事情'，这种宣言能不能作为自己的标签？"

"可以！开始的时候大多是谎话连篇。比如说，可以包括理想或者憧憬等。但是，重要的是，自己要能获得这样的标签。如此一来，自己就能清楚应当做的事情或者选择工作的标准。比如说，你将自己定义为'开拓新市场的鬼才'，那么为了让这个标签变得更加稳固，你就需要选择合适的工作。现在，你应该已经掌握了一个判断标准。这个标准不是'市场价值的标准'，而是能够让你怦然心动的标准。"

"原来如此，是要掌握这两种标准啊。"

"所谓的职业生涯最终还是要落脚在设计上。所谓的设计就是基于某种判断标准，选择自己应当做的事情或者必须要做的事情。首先，要掌握这种标准，然后再考虑其他的事情。"

黑岩仁喝了一口咖啡，接着说道："在明确了自己喜欢的事情是什么之后，给自己贴上的'标签'才是最强的。这不同于简单地把握自己擅长什么东西，喜欢的事情代表着让你在努力学习和实践的时候不会感到痛苦。"

听完后，我在笔记本上写下：**为了摆脱被替代的命运，应当给自己喜欢的事情以及自己不会感到痛苦的事情贴上"标签"，其中可以包括自己的理想或者自己现在还不会的东西；一旦贴上了标签，应当根据"是否能够让标签更加稳固"这个判断标准选择工作。**

当我沉浸在自己的思绪之中时，黑岩仁好像正凝视着另一个方向，那是一种能够看透人心的洞察，而且，给人一种深信人的价值的感觉。

黑岩仁的培训此时也来到了最后一刻。

我问了一个一直想问的问题。

"在课程结束之前，有一个问题想请教一下。您为什么愿意帮助像我这样的年轻人？为什么像您这样从事公司改革的咨询专家要创造一个换工作的思维方式体系？"

"青野，你要知道，所谓跳槽并不只是自己名片上的工作地址或者自己的工资待遇变了，而是能够给自己，给他人带来一个发展的机会。可能有很多人在现在的公司没有发挥的空间，但是在其他地方就会释放出耀眼的光芒。很多人用向那些将跳槽视为禁忌的公司表达忠诚的说辞糊弄自己。如果这样的人多了，那么公司本身也不可能发展。而且，如果人才的流动性一路降低的话，那么最终整个社会就完了。"

"确实如此。将员工跳槽视为禁忌的公司会变成什么样，对于这一点我是有深切感受的。"

"如果跳槽变成一件平常的事，那么就会出现完全不同的情况。人们不会再糊弄自己，每个人都能够从事正确的适合的工作，公司也会变成能够让员工感受到价值和意义所在的场所。我从内心相信，跳槽这件事能够改变日本社会。"

"所以，您才说'跳槽是一种善'吧。"

"现在对于你来说，可能会认为我是那种被选中的人，但是，我自己也是通过换工作，从而拯救了自己人生的人。之前，我曾经在一家大型金融机构工作。这家公司是在社会上享有盛誉的公司，发展很稳定。但是，我每天的工作都很无聊，自己对工作的期待就是每周的周末和发工资的日子。所谓的工作就变成了生存的手段。但是，一个偶然的机会，我碰到了我的老师，在他的建议下，我写好了辞职信，并将辞职信一直装在口袋里。从此之后，工作开始变得愉快起来，但是，当紧张和放松之间的平衡被打破的时候，我就换了一份工作。最终，我找到了自己非常喜欢而且也恰好擅长的咨询工作。"

"这样啊……"

"是的。所谓的'写好辞职信后，工作就变得快乐起来的年轻人'就是曾经的我自己。所以，我想这个社会上还有很多和曾经的我一样的人，这些人想离开现在的公司，去其他地方工作。"

相比现在，黑岩仁换工作的年代，应当更将跳槽视作禁忌吧！而且那个时候，社会对金融机构工作的评价应当比现在更高，也没有人关注咨询这样的工作。他在换工作的时候，一定比现在的我更加需要勇气！

黑岩仁继续说："现在的你可能是随时可以被替代的齿轮。但是，如果换一个地方，很有可能就能发挥你的才能。那么，为什么做不到这一步呢？阻止你跨出这一步的原因，可能是虚荣心，也可能是你自己感到恐惧。而我想帮你打破这一切。"

黑岩仁的话语中带着一种令人叹服的豪迈。

"青野，你要知道，社会的评价等在人临终的时候都是浮云。无论是毕业于什么学校，还是在什么公司工作，这些东西在人接近死亡的时候都没有任何意义。你现在还没到需要考虑这些事的阶段，所以不需要改变。但是，如果你已经开始寻找自己想做的事情的种子的时候，就绝对不可以扼杀这个小小的种子。你应当重视能够将自己想做的事情的种子培养长大的这个过程。"

黑岩仁的课程马上就要结束了，而此时，我的内心却涌现出能够再多说一些的迫切愿望。

"确实，我之前对于找到自己想做的事情感到烦恼。在这半年当中，我思考了很多，终于找到了自己想做的事情。我想做的事情有两件，但是不知道哪个对自己更有吸引力。费尽心思，我也不知道答案是什么。"

黑岩仁回答说："在这个世上，最让人感觉恐惧的一个词汇就是"失败"。没有比失败更难定义、更残酷的词汇了。正如很多成功者所说的那样，只要最后取得成功，在这个过程当中经历的失败都是'必要的'。也就是说，对于失败的认知因人而异。但是，在这个过程中，有一种东西会'100%导致失败'，那就是下决心的时机，是自己的内心难以作出决定的时候。"

"自己的内心难以作出决定的时候？"

"是的。每个人在人生当中，都会面临需要自己独立作出决断的时刻。对于我来说，最初需要自己作出决断的时机就应当是换工作这件事了。如果此时自己难以作出决断，这也就变成让自己100%后悔的唯一条件。相反，对于那些能够当机立断的人来说，从长远角度来看，这些人不会遭遇失败。因为，这样的人即使被别人嘲笑，即使被别人当作傻瓜，但是他们能够在倒下之后重新站起来，继续朝着未来的方向行进。这就是与这个世界上所有的决断密切相关的最重要的真理。"

此时，我想起了第一次见到黑岩仁时他曾经对我说过的一句话：换工作对于很多人来说，是其人生当中第一次需要自己作出决定的事情。正是如此，我自己在此之前，没有作出过真正意义上的决定。

黑岩仁继续说："绞尽脑汁，痛苦万分，但是依然想不到问题的答案，最后认为这个问题可能没有正确的答案。在二选一的选择中，无论选哪一个，你的人生都是没有错的。但是，如果最后有什么想对你说的，那就是……"

我在等待黑岩仁最后的指教。

"那就是将自身置于不断发展的市场当中。在此基础上，要相信自己，青野！"

我将黑岩仁最后一课的内容整理了一下：**阻碍你换工作的不是现实的危险性，而是自己的虚荣心或恐惧；选择是否错了，只有事后才知道，所以，导致失败的唯一的条件就是在需要作出抉择的时候，却难以下决心；如果能够将换工作看成理所当然的事，那么，那些获得选择空间的个人就会变得更加自由，那些能够吸引员工的公司也将变得更有吸引力。**

思维方式决定一切

从上次的最后一课之后，已过了三个月，我逐渐适应了现在的新公司。

最后，我选择了那家 IT 企业。因为我觉得在今后还剩下的几年工作时间内，自己应当掌握一些科技发展前沿的东西。而且，能够销售自己信任的产品，给我带来了意想不到的工作乐趣。

小时候，父母曾经跟我说过："工作是一件困难重重而且很辛苦的事情。"我不知道他们为什么这么说。如果工作真的是这样的话,为什么有的人会想"一直工作到死"?

如果是以前,我会认为能够享受工作是那些被选中的人才有的特权。但是,现在我的想法有些不同。

选择工作这件事最终还是思维方式的问题。那就是在选择什么公司、和谁一起工作方面不要选错。而且,自己所处的位置也是"思维方式"的一种,是每个人都能解决的。

"青野,午饭在什么地方吃?与以前的办公地点相比,现在这里到了吃饭时间,要排队的啊!"

横田最后选择了我现在所在的公司。他可能就是被黑岩仁改变人生的年轻人之一吧。

横田跳槽时曾问我:"你那边的岗位有意思吗?"

"是的!完全没想到有一天自己会觉得工作是一件有意思的事情!"

后　记

有不少人问我，"为什么要写这么一本书？"我是这么回答的：如果每个人都拥有"任何时候都能跳槽"这张谈判底牌的话，我相信全社会的企业都会变得越来越好。我们这个国家也会有所改变。

现在已经是每两个人当中就有一个人会换工作的时代，但是，还有很多公司将"在公司内谈论跳槽的话题"视作禁忌。我希望通过这本书能够打破这种禁忌。打破这种禁忌不仅有益于职场人，同时也会给组织乃至社会带来正面的影响。

著名企业家村上宪郎曾经说过："那些最终换工作的优秀的人，当他们还没有离开的时候，一定会竭尽全力担负起公司这个'轿子'不断前进。在辞职之前，这些人是会为了公司的发展努力拼搏的人才。相反，那些只想着一辈子抓住公司这根救命稻草的人，会装作抬着轿子的样子，实际上却不断把轿子往下扯。人事部门应当重点关注的不是这些往下扯轿子的人,而是那些三年后可能会离开公司,但是现在却拼命抬轿子的人。如果那些真心想抬轿子的人能够在公司工作几年,就应当抱着一颗感恩的心,不是吗?应当朝着这个方向,去改变人事部门的思维方式。"

我百分百赞同这个观点。在读者当中,可能会有人认为发生在青野身上的事情有些夸大其词,或者很有把握地认为"我们公司不可能发生这样的事"。但是,当企业把员工跳槽视为禁忌,员工只会抓住公司这根救命稻草的时候,人们关注的重点可能就局限在公司内部这种毫无结果的争论当中。所以,如何形成任何时候、无论是谁都能够换工作的氛围,对于今后的公司来说非常重要。

希望这本书能贡献跳槽过程中所有必需的知识,在最后阶段,能够给你勇气,助你一臂之力。正是在这种想法的支撑下,我尽己所能写作了此书。在现今的时代,当公司或组织不能保护我们的时候,我们自己应当牢固掌握的东西毫无疑问就是"换工作的思维方式"。而且,追求这种技能的人应当不仅仅只有你自己。

现在放眼望去,你周围应当有朋友在为职业规划的事情感到烦恼。这些人可能是在大企业中工作,却陷入迷茫的朋友,也可能是虽然非常讨厌现在的公司,却不敢往前迈出一步的人,还可能是自身拥有才华,却成为"枪打出头鸟"对

后 记

象的后辈。如果你感觉这本书比较有意思的话，那么请将这本书介绍给这些人，也许有人会因此而改变人生。我们一起去改变这个将跳槽话题视为禁忌的社会吧！

在本书出版过程中，我得到了很多的帮助，在此表示感谢。首先要感谢的是井上慎平编辑，我从他的身上看到一种严谨负责、为了实现"最好"而不妥协的专业态度。正是在他的推动下，本书的整体水平提高了一个档次。其次是用专业的工作帮助本书推广的团队成员，特别是向牺牲了周末休息时间的长谷川嵩明、寺口浩大、伊藤凉、岩崎祥大、片见斗希生、清水信之、津仓德真、胜木健太、清原丽、梅田悟司等表示感谢。此外，为末大先生教给我很多知识，作为一名优秀的老师，经常给我提出意见。感谢大家的支持！

最后，感谢一直以来支持我的家人和朋友。我之所以能够有今天，都仰仗大家的帮助。

跳槽思维笔记

附录

市场价值

△ 测试市场价值的 9 个问题

- 如果公司变了，自己拥有多少有价值的技能？
- 上述技能的"保质期限"有多长？
- 拥有多少在其他企业通用的宝贵经验？
- 这种经验在社会上有多大的需求？
- 如果离开了公司，有多少人会愿意帮助你？愿意帮助你的人当中，有多少是有决策权的？
- 公司外有多少愿意帮助你的人？这些愿意帮助你的人当中，有多少是有决策权的？
- 所在的市场中，人均生产力是多少？
- 所在市场未来是否有发展前景？
- 自己的市场价值在未来有多少是具有发展潜力的？

△ **市场价值是由什么决定的？**

市场价值 = 技术资产 × 人力资产 × 行业生产力

- 技术资产就是能够应用到其他公司的技术储

备，可以分为与岗位相关的"专业性"（比如面向法人机构的销售工作）和与岗位无关的"经验"（比如管理经验）。

● 人力资产简单来说就是"人脉"，代表有多少人会帮助你。

● 行业生产力是指一个人的毛利润，而这是工资的主要来源。

提升市场价值的方法

- 20 岁的时候依靠的是专业性，30 岁的时候依靠的是经验，40 岁的时候依靠的是人力资产。
- 特别是那些计划生孩子的女性，不能只依赖公司的福利制度，更应当重视自身专业性和经验的积累，确保自身处于随时都能返回岗位的状态。
- 行业生产力根据市场的不同，会有 20 倍的差距。对市场价值影响最大的毫无疑问就是行业生产力。如果缺少技术资产和人力资产的话，那么就应当选择生产力高的行业或者"电梯处于上行状态"（今后会不断发展）的行业。

工作的生命周期

- 所有的工作都会按照生命周期产生和消失。
- 生命周期可以通过"替代可能性"和"岗位（雇佣的数量）"进行判断。

（1）利基市场→开始的人。由于切入这个市场的人很少，被替代的可能性较小，但是岗位数量也相应较少。

（2）明星→以赚钱为目的，不断有人加入。公司为确保可重复性，也开始对工作流程进行分解。

（3）日常业务→为确保任何人都能够从事这项工作，推进标准化工作，被替代的可能性较大。

（4）消失→不愿意落入第三种状态，公司开始用机器替代人工，工作的数量急剧减少。行业内所有公司的利润都开始减少。

- 进入处于发展状态中的行业领域，这本身就具有一种价值（对于后起的企业来说，最早入行的人就变成了有价值的人才）。相反，无论技术资产多么丰富，如果处于不断衰退的行业内，那么自身的市场价值也只会不断减少。

发现具有发展潜力市场的两种方法

方法（1）有多家企业参与，关注不同企业处于发展状态中的服务。

方法（2）关注突破现有行业低效率的逻辑。

- 不要想着在有 100 万人参与的游戏中获得第一名，而要第一个参与有 100 万人参与的游戏。
- 在具有发展潜力的市场中，会有几家能够成为大企业竞争对手，且处于快速发展状态中的风险企业。
- 从长远角度来看，有价值的东西和没有价值的东西会出现逆转。
- 押注在周围的人都不看好，但是有其存在道理，认真思考后发现是正确的事情上。

鉴别跳槽目标公司的三种标准

△ 选择公司的三种标准

（1）市场价值是否会提升。

（2）是否有轻松的工作环境。

（3）是否有发挥才能的可能性。

● "轻松的工作环境"与"市场价值"并不是相对立的，相反，从长远来看，两者是一致的。

△ 确定有发挥才能可能性的三个问题

（1）需要什么样的任务，期待对方发挥什么样的作用？

（2）现在公司内评价较高的人是什么样的？为什么？

（3）与自己一样通过社招进入公司的人当中，那些现在活跃的人在公司内的升迁道路是怎样的，现在负责什么业务？

识别好的风险企业的三个要点

- 竞争对手是谁？竞争对手是否也发展得不错？
- 公司一线的员工是否很优秀（风险企业的管理层自然很优秀，其他员工是否也很优秀）？

→如果可以，最好直接和一线员工交流一下，在交流的时候，应当积极询问对方一些事情。向面试负责人提出"自己想在新公司工作久一些，想问一下在公司时间最长的一线员工一些个人的事情"，这种方法比较有效。

- 同行的评价怎么样？

→最好的方法是询问知道具体情况的人，如果比较困难，那么可以参考一下网上的评论（一定与其他公司进行横向比较）。

△ **大学毕业后应当选择的公司与通过社招选择的公司的区别**

- 公司内部是否有重视社招员工的文化？

→要注意那些董事都从大学毕业后一直在职的公司。

- 自己的岗位是否与公司的优势（引擎）一致？

→如果选择的不是公司优势所在的岗位，那么很难获得决定权。

→实际接触一下目标公司的产品和服务，记录下自己喜欢这些产品和服务的什么地方。如果能了解 B2B 企业的管理层和主要人员的背景（他们之前就职的公司和部门），那么就能知道公司的"引擎"是什么。

- 商业模式是不是无论公司的员工是什么样的人，公司都会持续发展？

→不论公司的员工是什么样的人才，都始终有成长潜力的业务对于公司来说是非常好的，但是对于跳槽的人来说，其自身的市场价值就很难得到提升。如果依然希望进入这样的公司，那么就需要在获得技术资产和人力资产的基础上，一开始就以较高的职位进入公司。

求职中介的商业模式

● 一个想换工作的人,有两家求职中介给他介绍了 A 公司,那么最早将这个人介绍给 A 公司的求职中介有权获得报酬。所以求职中介都很讨厌求职者与其他中介接触,会尽可能早地将求职者介绍给企业,并试图让求职者接受他们的建议。

好中介的五个条件

- 向客户反馈他有什么地方值得称赞，入职后可能担心的地方（一定要问一下"有什么担心的"）。

- 能给客户提出对于其职业生涯来说有价值的建议，而不是仅仅针对求职本身好与坏。

- 能够帮助客户与企业交涉，延长答复的时间，提升年收入。

- 能够认真回答客户提出的"有没有其他更好的工作机会"这样的问题。

- 与公司的社长或者董事、人事部门负责人等有很好的关系，能够自主安排求职者与这些人面试。

为什么企业愿意支付高额的费用通过中介进行招聘

● 对于企业来说，招聘员工并不是只有求职中介一种渠道。招聘的渠道主要包括以下五种，从企业角度看的话，招聘员工的成本按顺序依次减少。

（1）猎头公司。

（2）求职中介。

（3）直接招聘。

（4）社交网络推荐。

（5）直接应聘或朋友介绍。

● 企业通过求职中介招聘员工一般都是因为离职率太高、通过自己的员工介绍朋友这种方式行不通等。

● 求职中介强烈推荐某家公司，有时是因为其录用标准较低（从中介的角度来看，这样的公司录用的可能性会更大）。

● 选择跳槽公司的时候，不要只将目光锁定在求职中介推荐的公司，如果大体上确定了自己想去的公司范围，那么求职者应当利用所有渠道去查询相关信息。

关于换工作后的薪酬待遇

● 如果求职者不知道该选择工资待遇已经很高的成熟型企业，还是选择现在工资待遇不高但今后有利于提升自己市场价值的企业时，应当毫不犹豫地选择后者。从长远来看，市场价值与工资待遇是一致的（工资待遇过高的人才一般都会被降薪，或者遭受打压）。而且，在你 45 岁之前，不会有人告诉你市场价值与工资待遇之间的差距。

关于工作中的"快乐"

△ being 类型的人与 to do 类型的人

- 人可以划分为重视"干什么"的 to do 类型，以及重视"想做什么样的人，想处于什么样的状态"的 being 类型。
- 99% 的人都属于 being 类型，所以，如果自己没有内心真心想做的事情，也不要悲观。

△ 对于 being 类型的人来说两种重要的状态

- 提升"自己的状态"：要有充足的战力。

（1）提升自己的市场价值（如果不够强大，那么就不可能去战斗）。

（2）在此基础上，要将在工作中撒的小谎减少到最低限度。

- 提升"环境的状态"：紧张和放松之间的平衡应处于让人舒心的状态。
- 写下半年中自己感觉高度紧张的情况，如果不好的紧张情况超过 10 个的话，那么就需要换一家公司。如果好的紧张情况不到 3 个的话，就尝试挑战一下更难的业务或者自己没有做过的事情。

△ being 类型的人发现自己喜欢的事情的方法

● 对于 being 类型的人来说，并不是一定要找到自己内心真心喜欢做的事情。但是，任何人都会有想做的一些小事，对此，可以通过下面的方法去寻找这种小事情。

（1）从别人称赞自己擅长某件事，自己却一时反应不过来是什么这方面着手去寻找。

（2）从自己平常的工作中完全感觉不到压力的事情着手去寻找。

给自己贴上标签

- 为了摆脱被替代的命运，应当给自己喜欢的事情以及自己不会感到痛苦的事情贴上"标签"。
- 标签上的内容可以包括自己的理想或者自己现在还不会的东西。
- 一旦贴上了标签，就应当根据"是否能够让标签更加稳固"这个判断标准选择工作。

关于换工作与不安

- 选择是否错了,只有事后才知道,所以,导致失败的唯一原因就是在需要作出抉择的时候,却难以下定决心。
- 阻碍你换工作的不是现实的危险性,而是虚荣心或恐惧。

朝着将跳槽看成理所当然的社会发展

- 如果能将跳槽看成理所当然的事,那么,那些获得选择空间的个人就会变得更自由,那些能够吸引员工的公司也将变得更有吸引力。
- 自由地跳槽是改变这个国家的特效药。

TENSHOKU NO SHIKOHO
by YUIGA KITANO
Copyright © 2018 YUIGA KITANO
Simplified Chinese translation copyright © 2019 by China Renmin University Press Co., Ltd.
All rights reserved.
Original Japanese language edition published by Diamond, Inc.
Simplified Chinese translation rights arranged with Diamond, Inc.
through BARDON-CHINESE MEDIA AGENCY.

图书在版编目（CIP）数据

跳槽圣经/（日）北野唯我著；王猛译.—北京：中国人民大学出版社，2019.6
ISBN 978-7-300-27021-0

Ⅰ.①跳… Ⅱ.①北…②王… Ⅲ.①职业选择-通俗读物 Ⅳ.①C913.2-49

中国版本图书馆CIP数据核字（2019）第109064号

跳槽圣经

[日]北野唯我 著
王猛 译
Tiaocao Shengjing

出版发行	中国人民大学出版社		
社　　址	北京中关村大街31号	邮政编码	100080
电　　话	010-62511242（总编室）	010-62511770（质管部）	
	010-82501766（邮购部）	010-62514148（门市部）	
	010-62515195（发行公司）	010-62515275（盗版举报）	
网　　址	http://www.crup.com.cn		
经　　销	新华书店		
印　　刷	北京宏伟双华印刷有限公司		
规　　格	148mm×210mm　32开本	版　　次	2019年6月第1版
印　　张	7.5	印　　次	2019年6月第1次印刷
字　　数	123 000	定　　价	49.00元

版权所有　侵权必究　印装差错　负责调换